VENETIA / VENEZ

Quaderni adriatici di storia e archeologia lagunare

coordinati da
Lorenzo Braccesi
con
Maddalena Bassani, Marco Molin e Francesca Veronese

Comitato Scientifico

Venetia / Venezia 5

LEZIONI MARCIANE
2015-2016

Venezia prima di Venezia
dalle 'regine' dell'Adriatico alla Serenissima

a cura di
Maddalena Bassani, Marco Molin
e Francesca Veronese

«L'ERMA» di BRETSCHNEIDER

LEZIONI MARCIANE 2015-2016

a cura di Maddalena Bassani, Marco Molin e Francesca Veronese

VENETIA / VENEZIA, 5
Quaderni adriatici di storia e archeologia lagunare

coordinati da Lorenzo Braccesi
con Maddalena Bassani, Marco Molin e Francesca Veronese

© Copyright 2018 by «L'ERMA» di BRETSCHNEIDER
Via Marianna Dionigi, 57 – 00193 Roma
www.lerma.it - lerma@lerma.it

Lezioni Marciane 2015-2016. - Roma : «L'ERMA» di
BRETSCHNEIDER, 2018. - 178 p. : ill. ; 24 cm.
(Venetia / Venezia; 5)

ISBN (CARTACEO) 978-88-913-1669-1

ISBN (DIGITALE) 978-88-913-1672-1

CDD 930.107445121

1. Venezia

SOMMARIO

PRESENTAZIONE

È stato il tema del viaggio ad innervare il terzo e quarto ciclo delle *Lezioni Marciane* che il Centro Studi Torcellani ha organizzato presso il Salone sansoviniano della nostra Biblioteca.

Che si sia trattato di insediamenti lagunari, o dei viaggi delle reliquie dei santi, e non solo quella leggendaria del corpo di San Marco, basti pensare a Santa Fosca o a San Magno, o del viaggio dei marmi che la stessa Repubblica faceva cercare e trasportare lungo le rotte del Mediterraneo orientale per abbellire le maggiori fabbriche cittadine, o del viaggio dei manoscritti, a partire dalla donazione bessarionea a San Marco fino agli acquisti di Giacomo Nani nel Settecento, tutto è avvenuto nel bacino adriatico, estremo lembo della civiltà mediterranea, prima *caput Adriae*, poi definitivamente Golfo di Venezia.

Interessi economici e commerciali avevano portato infatti fin dall'antichità popolazioni etrusche a spingersi verso l'Adriatico, a Verucchio, poi nell'entroterra di Adria e probabilmente ad Adria stessa, e poi a Spina, mentre i Veneti tenevano saldamente l'emporio strategico di Altino. E tutti guardavano alla Grecia, alle isole dell'Egeo, meta di viaggi, di traffici commerciali, di contese, ma soprattutto, si direbbe, polo di attrazione culturale.

Le *Lezioni Marciane* del 2015 e del 2016 hanno trattato tutti questi temi, sempre con la stessa formula, ormai rivelatasi vincente, che ha consentito l'incontro e il dialogo fra studiosi di alto livello ed un pubblico numeroso e interessatissimo.

Non posso che rinnovare il ringraziamento, davvero sentito e sincero, a Lorenzo Braccesi, per la preziosa regia dell'intero ciclo, e a Marco Molin e Maddalena Bassani, per la cura competente ed attenta, nonché per i loro studi, e rinviare i lettori alle pubblicazioni che certamente seguiranno, visto che le *Lezioni Marciane* stanno continuando.

MAURIZIO MESSINA,
Direttore della Biblioteca Nazionale Marciana

I RITROVAMENTI ARCHEOLOGICI
A SANT'ANGELO DELLA POLVERE
NEI MANOSCRITTI DI GIOVANNI CASONI

Maddalena Bassani

Da alcuni anni è in corso di studio da parte di chi scrive un'attenta disamina di un fondo manoscritto conservato nella Biblioteca del Museo Correr di Venezia: si tratta di una preziosa raccolta delle minute e dei diari redatti da Giovanni Casoni, un ingegnere veneziano attivo nella prima metà del Diciannovesimo secolo e famoso per aver scritto una *Guida dell'Arsenale*, oltre che per aver partecipato attivamente alla vita pubblica cittadina[1]. Egli risulta infatti inserito pienamente nell'ambiente culturale veneziano, come dimostrano non solo la sua partecipazione all'Ateneo Veneto e poi all'Istituto Veneto di Scienze, Lettere ed Arti in qualità di socio[2], ma anche i suoi stretti rapporti con Emmanuele Cicogna[3], uno dei maggiori intellettuali veneziani del settore, a cui si deve la raccolta di un immenso patrimonio documentario e cartografico confluito nel Museo Correr[4].

In ambito antichistico e storico-antiquario Giovanni Casoni è noto per i suoi accurati resoconti sugli interventi strutturali e infrastrutturali compiuti per la manutenzione di edifici, di rive e di canali, come pure per il suo vivo interesse di fronte

---

[1] CASONI 1829; nella Biblioteca del Museo Correr di Venezia (di seguito abbreviata con la sigla BMCVe) il fondo *Giovanni Casoni-Scritti diversi* è composto da sessantacinque buste.

[2] Una commemorazione della sua vita e del suo lavoro si deve a G. Namia, che la lesse nell'Adunanza del 15 febbraio 1857 all'Istituto Veneto (NAMIA 1857).

[3] Varie lettere sono conservate nelle buste del fondo *Casoni*; una fu pubblicata nel vol. IV delle *Inscrizioni veneziane* di E. Cicogna (CICOGNA 1824-1853, ivi vol. IV del 1834, pp. 624-626).

[4] Sulla figura di Emmanuele Cicogna cfr. la voce curata da P. Preto nel *Dizionario Biografico degli Italiani*, vol. XXV, pp. 394-397; più di recente cfr. SPINA 1995.

alle scoperte archeologiche che si susseguivano a Venezia e soprattutto in laguna. Nei suoi contributi a stampa non mancò di segnalare rinvenimenti di stratigrafie 'antiche' o di singoli reperti, annotando poi nei suoi diari manoscritti ulteriori elementi che destavano la sua attenzione o che rafforzavano la sua salda convinzione di un passato remoto delle origini della città lagunare. Anzi, vale ricordare che è proprio all'interno di una delle numerose buste del fondo a lui intitolato che è stata recuperata la documentazione relativa alla scoperta dell'edificio 'dimenticato' a Torcello, cui è stata data ampia disamina in un lavoro recente e per il quale sono state proposte ipotesi per una sua localizzazione e interpretazione funzionale[5].

Lo studio della documentazione fornita da Giovanni Casoni si configura quindi di estremo interesse non solo su un piano generale, ma anche in rapporto al tema discusso nel terzo ciclo delle *Lezioni Marciane*, quello del viaggio delle persone, degli oggetti, dei manoscritti e del culto dei santi nella laguna veneziana. Infatti, proprio a partire dal ritrovamento di un manufatto di età romana segnalato fra le carte di Casoni in un punto liminare fra la conterminazione lagunare di età moderna e lo specchio d'acqua, si può tentare di intepretare tale scoperta all'interno del quadro della viabilità e degli insediamenti endo- e perilagunari attestati in quel settore in età antica.

1. L'isola di Sant'Angelo della Polvere e i dati manoscritti relativi alla scoperta

Al 1849 risale la scoperta di un reperto archeologico rinvenuto casualmente nell'Isola di Sant'Angelo della Polvere o della Contorta (questo secondo appellativo è una deformazione dell'originario toponimo 'della Concordia'): si trattava di un'ara funeraria provvista di un'iscrizione dedicatoria, che fu portata al Museo Archeologico di Venezia dove tutt'ora si trova (*fig. 1*)[6].

Di tale rinvenimento, puntualmente registrato da Casoni, già alcuni studiosi hanno dato notizia[7], ma non è mai stata presentata né la trascrizione completa delle note dell'ingegnere, né una riconsiderazione del manufatto da un punto di vista tipologico ed entro il contesto topografico-archeologico di riferimento, oggi possibile anche alla luce di ritrovamenti più recenti.

L'isola in questione è situata nella laguna centrale, a un paio di chilometri a est di Fusina e deve il suo nome al trasferimento, nel 1555, dei depositi della polvere da sparo per decisione della Serenissima, quando l'isola era ormai disabitata a causa della insalubrità dell'aria[8]. In precedenza si sa che qui sorgeva un monaste-

---

[5] BASSANI 2012, Cap. III; M. Bassani in BASSANI – MOLIN 2015.

[6] Museo Archeologico Nazionale di Venezia, nr. inv. 293. Ringrazio la Dott. A. Larese, Direttore del Museo, per la consueta disponibilità e per avermi agevolato nello studio del manufatto.

[7] CICOGNA 1824-1853, V, p. 457; VALENTINELLI 1866, p. 179-180, nr. 227; MARZEMIN 1941, p. 513; DORIGO 1983, II, p. 360; CANAL 2013, p. 166.

[8] Ampia descrizione delle vicende dei primi insediamenti medievali nell'isola di S. Angelo della

ro occupato dalle monache Benedettine (dal 1474 trasferite alla Giudecca perché molto 'chiacchierate' nei costumi) e poi dai Carmelitani (nel 1518); l'edificio fu però distrutto insieme a tutti gli altri monumenti esistenti a seguito della caduta di un fulmine nel 1689 proprio sul deposito della polvere da sparo. Infine, nel XIX secolo qui erano stati collocati solo magazzini militari, poiché l'isola restò comunque di competenza dell'Arsenale di Venezia. E furono infatti alcuni militari che scoprirono in maniera del tutto fortuita il reperto di cui sopra e ne diedero notizia a Giovanni Casoni, sia perché questi era l'ingegnere di riferimento della marina militare, sia perché era nota la sua passione per le *anticaglie* che si scoprivano a Venezia e in laguna.

All'interno del fondo *Casoni* due sono le buste contenenti appunti dedicati a tale manufatto: nella prima viene fornito un breve resoconto con alcune illustrazioni, nella seconda il rinvenimento vie-

Fig. 1 – Venezia, Museo Archeologico Nazionale. L'altare di Sant'Angelo della Contorta dedicato da Caio Titurno Floro (su concessione del Ministero per i Beni e le attività culturali e del turismo).

ne meglio inquadrato e descritto con ulteriori dettagli. Si può cominciare pertanto dal primo documento manoscritto (*fig. 2*)[9].

«Descrizione sulla ritrovata Pietra. Il Capitano Taolin (Tavolin) Francesco Comandante del Forte S. Angelo della Polvere fece scavare da suoi militi nel mezzo dell'Isola credendo di ritrovarvi una cisterna, dopo aver cavato il terreno a due piedi di profondità ritrovò un terrazzo dei nostri comuni, fece levare anche questo, e vi trovò due piedi al di sotto di questo terrazzo due tre pezzi di pietra dura rettangolari uno dei quali sembra servisse di base alla Pietra lavorata ed era posto come di coperta; fatto levare questo pezzo nonché altro adiacente si rinvenne la detta pietra o monumento e nel mezzo in A un buco circolare scavato per mt 0,15 del diametro di mt 0,20. Levata

---

Polvere in CICOGNA 1824-1853, V, pp. 447-459; più di recente una raccolta di fonti e foto storiche si trova in CROVATO – CROVATO 1978, pp. 99-110. L'isola è attualmente di proprietà del Demanio di Stato ('ramo guerra') ed occupa una superficie stimata nel 1978 pari a 0,53,10 ha; conta quattro fabbricati semidistrutti ed è stata destinata a uso di Verde Pubblico, anche se ad oggi non sono noti interventi di restauro e di riqualificazione.

[9] BMCVe, ms. Cicogna, nr. 3348 (ex 3635), 20.

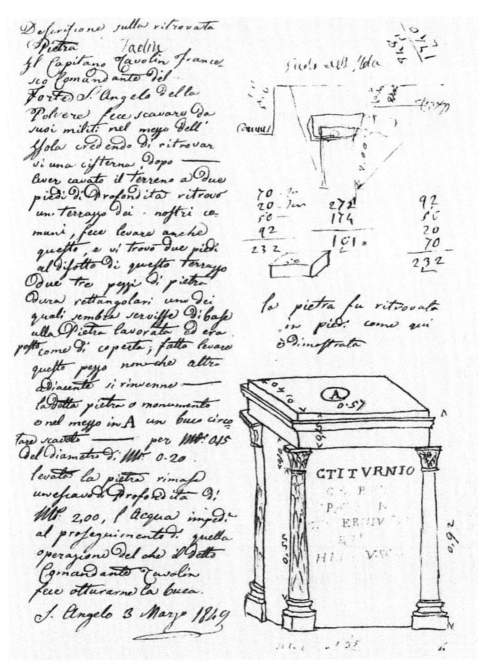

Fig. 2 – Il primo foglio manoscritto (2018 © Biblioteca Correr - Fondazione Musei Civici di Venezia: BMCVe, nr. 3348 (ex 3635), 20).

la pietra rimase un escavo di Profondità di mt 2,00, l'acqua impedì al proseguimento di quella operazione del che il detto Comandante Tavolin fece otturare la buca. S. Angelo 3 Marzo 1849».

Questa prima descrizione del ritrovamento fu corredata da due schizzi illustrativi, il primo corrispondente a una vera e propria 'sezione' dello scavo, il secondo a una riproduzione fedele dell'altare con l'indicazione delle misure e con il testo dell'iscrizione, su cui si avrà modo di soffermarsi in seguito (cfr. *fig. 2*, lato destro).

Il secondo manoscritto risulta molto più dettagliato e forse redatto con l'intenzione di leggerlo in un'occasione ufficiale[10].

«Cippo di Titurnio: ora all'Archeologico.

Le incombenze del mio ufficio ufficio mi costrinsero a vedere alcuna volta l'umile e solitaria isoletta - S. Angelo di Contorta, più conosciuta come S. Angelo della Polvere a cui manca affatto ogni cisterna. Ivi, in tempo alla grande scarsezza (c. 31) d'acqua potabile, (una delle grandi sciagure che afflissero questa città nei due lunghissimi decorsi anni), venne in pensiero ad un milite, di tentare quel suolo, nella speranza che l'arte potesse supplire al difetto della località, ed alla inclemenza della natura, ed unito ai suoi compagni intraprese la escavazione d'una vasca nel centro appunto dell'Isola. Vana lusinga! L'acqua comparve immediatamente ma salsa, ma contaminata, onde qui convenne rinunciare all'impresa e contentarsi di bere acqua scarsa e mal sana, che (c. 32) con piccole barche, e framezzo a continui pericoli, procuravano di portare a quell'isola.

Pure, quel tentativo se non riuscì al contemplato fine, valse però a procurare un decoroso aumento a questo Museo Palatino, essendosi in quello scavo, verso la metà del Gennaio 1849 - sotto un'antico smalto a terrazzo, alla profondità di <u>Metri 2:75</u> dal fior di terreno, rinvenuto un bello e ben conservato monumento sepolcrale di Pietra <u>lapidica</u>, con la solita capsula cineraria e con questa iscrizione. (c. 33) *C. Titurnio C. L. Grato Patrono C. Titurnius C. L. Florus fieri iussit.*

Perché questo monumento non rimanga negletto, e sia invece raccolto e conservato, s'interessava la dotta e operosa solerzia del rinomatissimo nostro Cavaliere Cicogna alle cui cure associate le mie, ne ottenni il dono da chi allora era nella posizione di farlo, ed il martedì 13 marzo 1849 l'ho depositato in questo museo.

Consiste quel cippo in un parallelepipedo alto (c. 34) metri 0,92 con piccola colonna intagliata a cadauno de' quattro lati, maggiori, e con Base e Cornice. La iscrizione è scolpita, in belli caratteri romani (e, come avete sentito nello stile semplice e conciso de' migliori tempi del Lazio), su l'una delle due più grandi faccie.

---

[10] BMCVe, ms. Cicogna, nr. 3351 (ex 3638), 2; nella trascrizione del manoscritto con l'abbreviazione 'c.' si intende ovviamente 'carta'. Negli Atti delle adunanze dell'Istituto Veneto di Scienze, Lettere ed Arti, 1850, tomo I, s. II, p. 31, viene riportata la sintesi della comunicazione fatta dal Casoni all'Istituto in merito ai suoi studi di ingegneria e di archeologia, tra cui, appunto, la segnalazione dell'altare dall'Isola di Sant'Angelo della Polvere.

Fig. 3 – Veduta zenitale dell'isola (screenshot da Google maps).

Il nome <u>Titurnio</u>, qui dato ad un liberto, non è nuovo nelle schede degli archeologi, e già a quest'ora alcuni studi si sono fatti per una illustrazione.

Forse il monumento anticamente esisteva a Sant'Ilario, Paese e Abbazia, le cui
rovine, coperte di musco, vengono additate al curioso, nelle fangose solitudini presso il (c. 35) margine della Laguna, di fronte alla stessa isola di <u>Contorta</u>, dove idoletti di Bronzo, vasi di Figulo, urne di vetro, amuleti, iscrizioni, ed altri consimili
oggetti sovente vengono dissotterrati.

Venezia 27 maggio 1850».

2. Analisi dei dati manoscritti

I dati presentati nei due manoscritti, e soprattutto nel secondo, sono molteplici
e meritano una disamina particolare.

Da un punto di vista locazionale, Casoni chiarì fin da subito il contesto di scavo e la motivazione di tale intervento: poiché scarseggiava acqua potabile, nei primi giorni del mese di Gennaio 1849 il Comandante del reparto militare stanziato
nell'Isola di Sant'Angelo della Polvere (o della Contorta), tale Francesco Tavolin,
fece eseguire al centro dell'isola uno scavo con la speranza di trovarvi una vena
d'acqua. Nonostante non sia possibile collocare con esattezza il punto dell'intervento, si può comunque immaginare che l'indagine abbia interessato il fulcro della
piccola isola, ora occupato da una costruzione quadrangolare (*fig. 3*), ipotesi che

parrebbe confermata anche da un appunto di G. Casoni edito da G. Marzemin[11]. La necessità di rifornimento idrico sembra peraltro comprovata anche dagli apprestamenti costruiti in anni recenti, come si ricava dalla presenza di una riserva d'acqua sopraelevata nel settore orientale dell'isolotto[12].

Gli appunti dell'ingegnere, e il primo dei due disegni presenti nella pagina manoscritta, lasciano intravedere le modalità con cui avvenne lo scavo: si dovette procedere 'smontando' uno strato di terra dopo l'altro, dall'alto verso il basso. Dapprima, dunque al livello superiore, si trovò uno 'smalto a terrazzo' veneziano, cioè una pavimentazione con il tipico mosaico di tessere legate da cemento[13]: esso si trovava a due piedi di profondità, cioè all'incirca a 0,70 m al di sotto del piano di calpestio dell'epoca. Una volta rimosso tale pavimento e scavando ancora, si trovarono due o tre pezzi rettangolari di lastre di pietra disposte per creare una sorta di piano, al di sopra del monumento archeologico vero e proprio: quest'ultimo, una volta rimosse anche le pietre rettangolari, si presentò a - 2,75 m nel sottosuolo in posizione verticale. Tali elementi furono ulteriormente evidenziati dalle scritte che accompagnavano i due schizzi (cfr. *fig. 2*): osservando la porzione destra del foglio si leggono chiaramente al di sopra della 'sezione' sia la dicitura «Scavo dell'Isola», sia i livelli di profondità cui si arrivò nel corso dell'operazione. Nella porzione inferiore del foglio, invece, sopra il disegno dell'altare, Casoni scrisse di suo pugno «la pietra fu ritrovata in piedi come qui è dimostrata», quasi a voler rimarcare il posizionamento dell'altare: e tale situazione venne poi schematizzata in un disegno ricostruttivo proposto da G. Marzemin (*fig. 4*).

Cercando di inquadrare il manufatto da un punto di vista tipologico e cronologico, vale sottolineare che si tratta di un altare funerario alto quasi un metro[14], in pietra di Aurisina, decorato su ciascun angolo da pseudocolonnine abbellite da motivi floreali con capitelli corinzi, che erano sostenute da una base e sovrastate da una semplice trabeazione; il retro dell'altare risulta non lavorato, dunque da immaginare posizionato a ridosso di un muro. Sulla superficie superiore vi è una cavità circolare di 20 cm di diametro, che serviva per deporre le ceneri del defunto, poi protette da una copertura conica o semisferica andata dispersa.

---

[11]MARZEMIN 1941, p. 513.

[12] La carenza idrica registrata dal Casoni va probabilmente correlata alle drammatiche vicende che videro Venezia assediata dagli Austriaci negli anni fra il 1848 e il 1849 (un interessante 'diario' di quegli eventi è stato raccolto su proposta della Regione del Veneto ed è consultabile al sito: http://www.consiglioveneto.it/crvportal/upload_crv/serviziostudi/1372847870091_rivoluzione-Veneziaperweb2.pdf). Si segnala inoltre che nel sito web dedicato all'isola vi sono varie fotografie delle costruzioni esistenti, in pessimo stato di conservazione (https://commons.wikimedia.org/wiki/Category:Sant%27Angelo_della_Polvere_(Venice)?uselang=it#/media/File:SantAngeloPolveri.JPG).

[13] Per una storia delle tecniche edilizie per la stesura dei pavimenti a Venezia, cfr. *I pavimenti alla veneziana* 2008.

[14] Queste le misure in metri del manufatto: h 0,94, largh. 0,60, prof. 0,42.

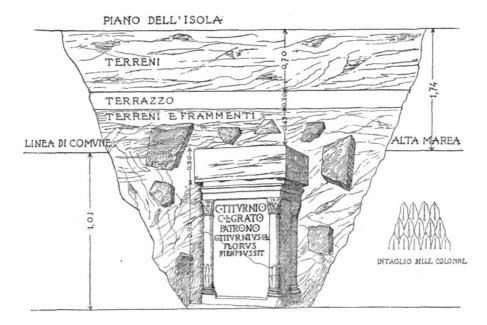

Fig. 4 – Disegno ricostruttivo dello scavo e del ritrovamento dell'altare di *Tirurnius* (Marzemin 1941, doc. 2 infratestuale).

Databile al secondo quarto del I sec. d.C., il manufatto trova stringenti confronti con alcuni altari funerari parallelepipedi attestati nel Lazio[15], inquadrati fra la tarda età repubblicana e la prima età imperiale, mentre più rari risultano analoghi reperti nel Veneto[16]; per la semplicità dell'apparato decorativo questo tipo di altari doveva essere preferito da una classe sociale modesta, dato, questo, che parrebbe confermato pure nel nostro caso. L'iscrizione riportata dal Casoni, infatti, che è trascritta nel *CIL* e che si legge sulla fronte principale dell'ara, presenta una dedica di un liberto così integrabile: *C(aio) Titurnio C(aii) l(iberto) Grato patrono C(aius) Titurnius C(aii) l(ibertus) Florus fieri iussit*[17].

Il liberto *Caius Titurnius Florus*, dunque, aveva commissionato un monumento funerario in onore del suo patrono Gaio Titurnio Grato, a sua volta liberto di un *Caius*. Ma in quale luogo esso era stato collocato? La domanda non è affatto secondaria e anzi consente di formulare ulteriori osservazioni.

---

[15] DIEBER 1983.

[16] Un esempio da Altino e uno da Oderzo: cfr. GHEDINI 1989, pp. 57-58.

[17] *CIL* V, 2272; CICOGNA 1824-1853, V, p. 457; SCHULZE 1966[2], p. 244. Si segnala che nello stesso incartamento seguono alcune note a firma di Casoni a proposito del trasporto dell'altare all'Archeologico di Venezia, con la consegna datata al 13 gennaio 1849, e due lettere del Generale Giorgio Bua, Ammiraglio nonché Presidente del Consiglio di Difesa presso il Governo Provvisorio di Venezia, che aveva ordinato di lasciare la pietra *in situ* fino all'arrivo di Casoni.

3. Il contesto archeologico e topografico di riferimento

La parte finale del secondo manoscritto si conclude con l'ipotesi di Casoni circa la provenienza originaria dell'altare: alle carte 34-35, infatti, l'autore proponeva
che il reperto in origine fosse stato tratto dall'area di Sant'Ilario, nelle immediate
adiacenze in terraferma a nord dell'Isola della Contorta (*fig.* 5, nr. 280)[18]. Qui, in effetti, come lo stesso Casoni ricorda, il viaggiatore o il curioso potevano scorgere fra
le «fangose solitudini presso il margine della Laguna» moltissimi manufatti di età
romana, tra cui «idoletti di Bronzo, vasi di Figulo, urne di vetro, amuleti, iscrizioni,
ed altri consimili oggetti».

In questa località, ma soprattutto nelle vicine Moranzani e Fusina (cfr. *fig.* 5,
nrr. 281-283), nel 1756 furono effettuati scavi destinati a realizzare canali, grazie ai
quali si portarono in luce due tratti di pavimenti, uno rivestito con mattoni quadra-
ti, l'altro a mosaico[19]. Si crede fossero pertinenti a un edificio rustico, che doveva
essere non lontano da una necropoli: si trassero infatti numerose urne cinerarie,
balsamari, recipienti in ceramica a pareti sottili, molte lucerne, monete, anfore, ma
anche alcune iscrizioni funerarie. Anzi, nel resoconto che di tali scavi fu fatto da
T. Temanza nel 1761 furono riportate notizie preziose, come quelle che ricordano
balsamari ancora «ripieni di materia soda oleosa»[20], oppure urne cinerarie in vetro
con dentro «ossa abbruciate»[21].

Dunque, nelle immediate vicinanze dell'isola della Contorta e in prossimità di
una delle foci del Brenta-*Meduacus* (Tergola) gli indizi di un'occupazione stabile
in età romana in questo tratto 'perilagunare' sono molteplici ed anzi sembra lecito chiedersi se il comparto geografico compreso fra Moranzani-Fusina e Contorta
non fosse terra emersa in età romana, come sosteneva già il Temanza: «La Terraferma nei tempi dei Romani si distendeva verso i Lidi assai più che in presente non fa;
e benché il sito presso Lizzafusina, oggi detto Bondante, sia ora una bassa palude,
fu però quel desso rappresentato da Titolivio, come anche le scoperte antichità cel
manifestano»[22].

Ma vi sono altri dati che parrebbero confermare le ipotesi del Temanza (*fig.* 6):
nella stessa laguna, proprio di fronte a Fusina (Lizzafusina) e immediatamente a

---

[18] Sui documenti archivistici inerenti a Sant'Ilario cfr. l'edizione curata da L. Lanfranchi e B. Strina
(*SS. Ilario e Benedetto e S. Gregorio* 1965); sui dati archeologici cfr. ora CALAON – FERRI 2008, pp.
185-197.

[19] *Carta Archeologica del Veneto* 1994, IV; pp. 71-72, nrr. 280-283.2, con ampia bibliografia di
riferimento.

[20] TEMANZA 1761, *legenda* alla Tavola II, nr. 6. In tutte le tavole con i disegni dei reperti recuperati
viene specificato quali fossero rimasti in possesso del Temanza e quali invece fossero confluiti nel
Museo Nani.

[21] TEMANZA 1761, pp. XXIV-XXV.

[22] TEMANZA 1761, p. XXIV.

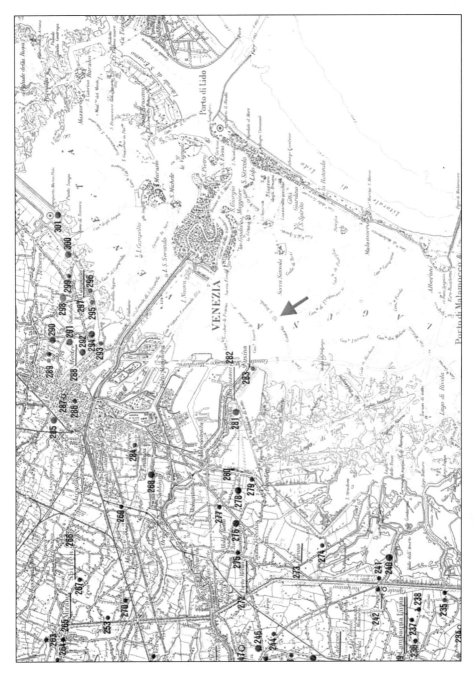

Fig. 5 – Carta Archeologica del Veneto, foglio F. 51-Venezia (*Carta Archeologica del Veneto* 1994, pp. 34-35).

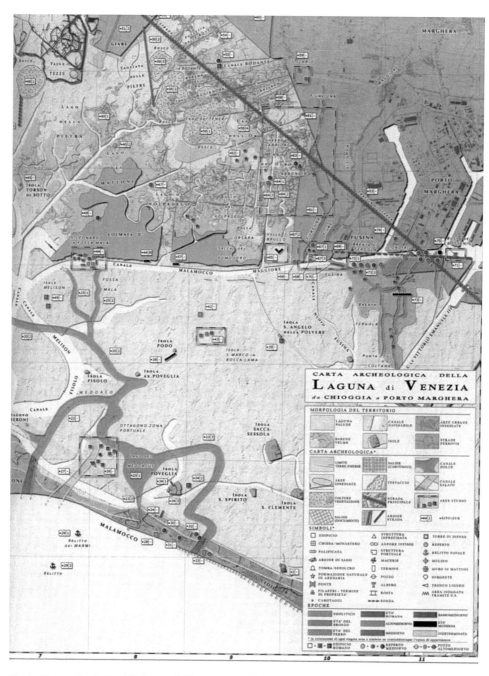

Fig. 6 – Carta archeologica della laguna di Venezia, settore fra Malamocco e Fusina (Canal 2013, p. 129).

Fig. 7 – Laguna di Venezia. Veduta della galea medievale nell'isola di San Marco in Bocca Lama prima della sua pulitura.

sud della Contorta, si nota poco distante dalle due località testé citate l'isola di San Marco in Bocca Lama, quasi totalmente sommersa, che pure è nota all'archeologia lagunare veneziana grazie alle segnalazioni di E. Canal. Qui non solo sono state recuperate due splendide imbarcazioni medievali (*fig. 7*)[23], ma sono state pure individuate strutture pertinenti a un monastero[24] e quelle di un edificio più antico, probabilmente di età imperiale[25]. Non lungi da qui vi è poi la nota 'stazione' di S. Leonardo in Fossa Lama, dove, in occasione dello scavo del Canale dei Petroli, furono recuperati non pochi frammenti di ceramica attica e di bronzi datati al V sec. a.C., connessi a uno strato precedente l'occupazione medievale dell'isola[26].

Tornando allora idealmente a Sant'Angelo della Polvere e considerando la sua distanza minima da Fusina e da San Marco in Bocca Lama, viene da chiedersi se l'altare funerario descritto da Casoni sia da attribuire all'area di Sant'Ilario o non sia piuttosto da correlare al contesto esteso fra Moranzani, Fusina e l'area oggi endolagunare compresa fra San Marco in Bocca Lama e la stessa Contorta. Tenendo presenti, infatti, i profondi mutamenti avvenuti nei millenni nella laguna di Venezia e la progressiva sommersione di ampi territori a causa dei fenomeni legati alla subsidenza, sorge il dubbio che il manufatto non sia stato affatto trasportato sull'isola da un altro luogo, ma che esso, viceversa, giacesse *in situ*.

---

[23] D'Agostino – Medas 2003-2004.
[24] Canal 2013, pp. 167-171. Cfr. *supra*, fig. 6, stazione n. 43.
[25] Canal 2013, p. 16 e pp. 168-169. I sondaggi effettuati *in situ* hanno portato in evidenza un edificio rettangolare costituito da blocchi di arenaria posizionati a - 2,30 m dal livello medio del mare.
[26] Canal 2013, pp. 172-185. Cfr. *supra*, fig. 6, stazione n. 44.

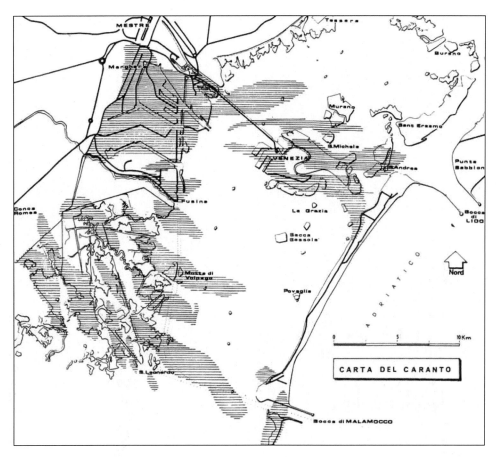

Fig. 8 – Carta del caranto nella laguna centrale di Venezia (Dorigo 1983, p. 158, fig. 77).

In effetti, gli studi dedicati alla geomorfologia della laguna di Venezia hanno documentato con numerosi riscontri l'emersione terrestre in vari periodi storici e in particolare dall'età del ferro fino alla media età imperiale: tale emersione poté avvenire sia grazie alla regressione marina e alla presenza di fiumi con i loro depositi alluvionali, sia a causa del formarsi di un paleosuolo particolare, il caranto, costituito da argilla e limi che a contatto con l'aria si solidificano (*fig. 8*)[27]. Su questi ampi spazi emersi poté svilupparsi un insediamento molteplice e polifunzionale – stradale, portuale, residenziale, agricolo –, che le indagini archeologiche svolte in laguna negli

---

[27]Cfr. *Geomorfologia della laguna di Venezia* 2004, che costituisce il punto di arrivo di vari studi dedicati all'argomento.

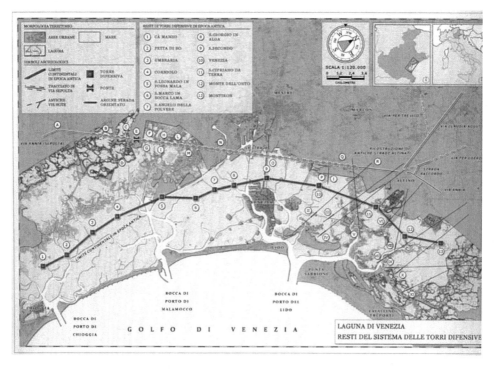

Fig. 9 – La laguna di Venezia in età antica e l'ipotizzato limite continentale con l'ubicazione delle torri di avvistamento di epoca antica, secondo E. Canal (Canal 2013, p. 57, fig. 21).

ultimi decenni hanno documentato mediante la scoperta di resti infrastrutturali, strutturali e materiali datati dall'età preromana fino a tutto il Medioevo[28].

In particolare, focalizzando l'attenzione sulla *facies* romana in laguna, dunque su un periodo compreso orientativamente fra il II secolo a.C. e il III secolo d.C., si nota come la maggior parte delle costruzioni oggi sommerse si trovi mediamente fra i 2 e 3 metri di profondità, cioè allo stesso livello in cui fu trovato l'altare della Contorta (- 2,75 m). E se questo non può certo essere un dato dirimente per comprovare l'effettiva giacitura primaria dell'altare nell'isola, tuttavia esso è un elemento di cui tener conto anche alla luce di ulteriori dati da considerare.

Nel volume edito da E. Canal sulle giacenze archeologiche in laguna, l'isola della Contorta è ubicata in corrispondenza di quello che dovette essere il limite continentale di epoca antica (*fig. 9*), ed anzi è stato ipotizzato che essa, in età romana, fosse stata la sede di una delle numerose postazioni di controllo disseminate nell'area[29].

---

[28]Canal 2013.
[29]Canal 2013, p. 166. Per un esempio di torre di controllo della prima età imperiale, cfr. il caso scoperto nel Canale di San Felice (Canal 2013, p. 260-261).

Se tale ipotesi risultasse veritiera, l'isola doveva essere inserita nel complesso sistema viario che garantiva ai viaggiatori sicure vie di percorrenza, tanto su terra quanto su acqua. Così, da una prospettiva 'terragna' l'isola poteva essere servita da tratti stradali minori che si staccavano sia dalla Via Annia sia dalla Via Popilia (*fig. 10*): essi passavano proprio a ridosso della laguna, lambendo l'area di Sant'Ilario e proseguendo poi in direzione di Altino[30]. Da un punto di vista idrico, invece, l'isola poteva essere prossima ad argini-strade[31] organizzate entro il sistema di *fossae per transversum* rispetto all'andamento dei fiumi[32], le quali *fossae* sono da intendere nel senso di canali scavati per assicurare una navigazione endolagunare come fu la *fossa Popiliola*, di cui resta un'eco nel nome dell'isola di Poveglia (cfr. *fig.6*). Tali canali erano percorribili mediante barche di piccolo pescaggio, che permettevano il transito interno in direzione dei porti o delle altre località della riviera veneta.

4. Prospettive di ricerca

I dati fin qui proposti consentono, si crede, di profilare inedite chiavi di lettura e di interpretazione non solo dell'ara funeraria in sé, ma anche, e forse soprattutto, dell'isola di Sant'Angelo della Polvere nel quadro degli insediamenti antichi nella Laguna di Venezia.

Immaginare che l'altare di *Titurnius* fosse inserito nel circuito delle vie di percorrenza testé menzionate chiarifica la sua natura intrinseca: in quanto *monumentum* aveva in sé il senso di trasmissione alla posterità del ricordo di una persona[33], nonostante fosse privo di un particolare *ornamentum*. Per mantenere viva la memoria del defunto bastava infatti l'iscrizione apposta sulla faccia principale, nella quale, come si è detto, campeggiava la dedica di un liberto al proprio *patronus*.

Al riguardo vale sottolineare che nonostante il nome *Titurnius*, come già annotava Cicogna e come poi ha evidenziato Schulze[34], sia piuttosto raro, esso è attestato in due epigrafi da Aquileia[35], oltre che in pochissimi altri *tituli* trovati in Spagna e in Africa[36], e questo lascerebbe ipotizzare che un ramo della *gens*/famiglia dei *Titurnii* si fosse radicato proprio nella Cisalpina. Va però rimarcato che questa stessa casata è citata in una lettera di Cicerone indirizzata a Marco (o Manlio) Acilio Ca-

---

[30] ROSADA – LACHIN 2011; BASSANI 2010, in particolare pp. 74-75.

[31] Ne sono stati scavati sott'acqua numerosi esempi: FOZZATI, TONIOLO 1998.

[32] Si ricordi che presso Fusina vi era la ramificazione del Brenta di Tergola: cfr. *supra*, fig. 6.

[33] SARTORI 1997, in particolare pp. 46-48. Al proposito si ricordi come Varrone, nella *Lingua Latina* (VI, 49), spieghi che «le altre cose che sono scritte o fatte per essere ricordate sono dette monumenti»; per tutte le implicazioni che lo *ius sepulchri* implicava e sugli aspetti legati ai sepolcri cfr. LAZZARINI 1997, dove vi sono ampi riferimenti al *Digesto*.

[34] SCHULZE 1966², p. 244.

[35] *CIL* V, 1415 e 1449.

[36] Ad esempio in un'iscrizione dal *Conventus Tarraconensis* (*CIL* II, 6135), in due iscrizioni dall'Africa (*CIL* VIII, 14392 e 18463): cfr. ancora SCHULZE 1966², p. 244.

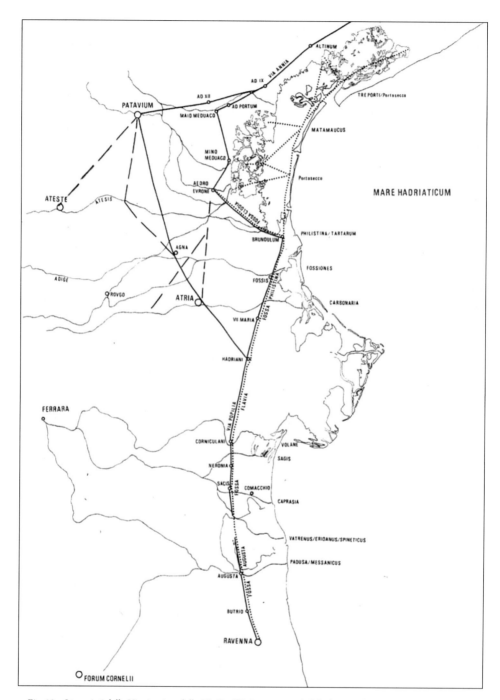

Fig. 10 – I tracciati della Via Annia e della Via Popillia in prossimità della laguna di Venezia (Rosada – Lachin 2011, p. 65, fig. 5).

nino, proconsole in Sicilia nel 46 a.C., nello stesso anno in cui fu scritta la lettera[37]: in tale epistola Cicerone sottolinea l'antica amicizia fra lui e gli esponenti dei *Titurnii*, i quali evidentemente erano presenti anche in Sicilia e tra i quali, secondo Cicerone, l'unico superstite era all'epoca *Marco Titurnius Rufus*, particolarmente caro al retore arpinate, come si evince dalla sua 'segnalazione' ad Acilio.

Ora, la presenza di un monumento funerario in ricordo di un *Titurnius* in area lagunare, ovvero nelle propaggini meridionali dell'antica linea continentale, lascerebbe immaginare che non distante da qui potesse esservi una residenza di quel *C. Titurnius Gratus* citato nell'iscrizione della Contorta o che in questo estremo lembo della *Venetia* vi fosse parte dei possedimenti di questa famiglia, dove quindi l'altare poteva essere collocato. Un'altra ipotesi potrebbe essere quella secondo la quale il monumento faceva parte di una necropoli più ampia, in cui i recinti funerari si disponevano lungo una via, come sull'esempio del sepolcreto della cosiddetta Via Annia ad Aquileia: qui un'area necropolare attribuita ai *Cestii* contemplava anche un modesto cippo funerario parallelepipedo,

Fig. 11 – Il cippo dei *Cestii* nella necropoli lungo la cosiddetta Via Annia ad Aquileia (Bertacchi 1997, p. 166, fig. 8).

sormontato da una copertura semisferica forse non dissimile da quella in origine presente sull'altare della Contorta (*fig. 11*)[38]. Entrambe le ipotesi, comunque, – villa rustica e/o necropoli lungo una via – potrebbero essere avvalorate dai ritrovamenti più sopra ricordati a Moranzani e a Fusina, dove diversi manufatti pertinenti sia a un contesto residenziale, sia a una probabile necropoli sono noti fin dal XVIII secolo. Né può sfuggire la prossimità di questi siti al tracciato della stessa Via Annia, che lambiva la laguna proprio in questa zona perilagunare[39].

Pertanto, qualora i dati qui proposti possano un giorno trovare conferma me-

---

[37] CIC. *ad fam.* XIII 39 (cfr. ed. Utet 2008, a cura di G. Gambarino e R. Tabacco, ivi nr. 251): *Cum familia Titurnia necessitudo mihi intercedit vetus; ex qua reliquus est M. Titurnius Rufus, qui mihi omni diligentia atque officio est tuendus. Est igitur in tua potestate ut ille in me satis sibi praesidi putet esse. Quapropter eum tibi commendo in maiorem modum et abs te peto efficias ut is commendationem hanc intellegat sibi magno adiumento fuisse. Erit mihi vehementer gratum.*

[38] BERTACCHI 1997, in particolare pp. 162-166.

[39] ROSADA 2010.

diante indagini archeologiche e topografiche accurate, il monumento di Sant'Angelo della Polvere potrebbe essere reinterpretato come un indizio di un insediamento diffuso *dentro* la laguna: immaginandolo posizionato lungo tragitti rivieraschi, esso poteva essere visibile da tutti quei viaggiatori che attraversavano un ambiente altamente suggestivo come quello delle lagune venete, in cui si alternavano ampie distese di terre coltivate e abitate a canali e argini-strade giustapposte ai corsi fluviali del *Meduacus* e del *Silis*[40]. E se di questi paesaggi antichi Giovanni Casoni non poteva certo avere una riprova sostenuta da tutte le analisi geologiche e paleoambientali oggi disponibili, egli ne dovette avere comunque una chiara percezione quando si trovava a descrivere i reperti archeologici, i luoghi o le stratigrafie in cui si imbatteva tanto nella laguna quanto a Venezia. È dunque anche merito suo se oggi si può tentare di scrivere una pagina nuova sul passato della 'laguna' veneziana, avendo però ben chiari i profondi mutamenti che essa subì nei millenni e sapendo guardare oltre lo specchio d'acqua che oggi interamente la sommerge.

Bibliografia

BASSANI 2010 = M. BASSANI, Pergere viam. *Da Altino a Padova*, in *...viam Anniam* 2010, pp. 73-84.

BASSANI 2012 = M. BASSANI, *Antichità lagunari. Scavi archeologici e scavi archivistici*, Roma 2012 (*Hesperìa*, 29).

BASSANI – MOLIN 2015 = M. BASSANI – M. MOLIN, *Paesaggi ritrovati. Torcello e la laguna nord fra età antica e medievale*, in *Lezioni Marciane 2013-2014*, pp. 9-34.

BERTACCHI 1997 = L. BERTACCHI, *I monumenti sepolcrali lungo le strade di Aquileia*, in *Monumenti sepolcrali romani* 1997, pp. 149-167.

CALAON – FERRI 2008 = D. CALAON – M. FERRI, *Il monastero dei dogi. SS. Ilario e Benedetto ai margini della laguna veneziana*, in Atti *Missioni Archeologiche e Progetti di Ricerca e Scavo dell'Università Ca' Foscari – Venezia* (*Venezia 12 maggio 2008*), VI Giornata di Studio, a cura di S. Gelichi, Dipartimento di Scienze dell'Antichità e del Vicino Oriente, Università Ca' Foscari, Venezia 2008, pp. 185-197.

CANAL 2013 = E. CANAL, *Archeologia della laguna di Venezia 1960-2010*, Caselle di Sommacampagna (Verona) 2013.

Carta Archeologica del Veneto 1994 = *Carta Archeologica del Veneto*, IV, a cura di L. Capuis, G. Leonardi, S. Pesavento Mattioli e G. Rosada, Modena 1994.

CASONI 1829 = G. CASONI, *Guida per l'Arsenale di Venezia*, Venezia 1829.

---

[40] ROSADA 2010; CRESCI MARRONE 2015.

CICOGNA 1824-1853 = E.A. CICOGNA, *Delle inscrizioni veneziane raccolte e illustrate da Emmanuele Antonio Cicogna cittadino veneto*, I-VI, Venezia 1824-1853.

CRESCI MARRONE 2015 = G. CRESCI MARRONE, *Tra terraferma e laguna. La voce degli antichi*, in *Lezioni Marciane 2013-2014*, pp. 111-126

CROVATO – CROVATO 1978 = G. CROVATO – M. CROVATO, *Isole abbandonate della laguna veneziana: com'erano e come sono*, Padova 1978.

D'AGOSTINO – MEDAS 2003-2004 = M. D'AGOSTINO – S. MEDAS, *La storia del ritrovamento. Il sito archeologico di San Marco in Boccalama*, in *La galea ritrovata. Origine delle cose di Venezia*, Venezia 2003-2004, pp. 21-43.

DIEBER 1983 = S. DIEBER *Un gruppo di cinerari romani del Lazio meridionale*, «DArch» III, 1.1, 1983, pp. 65-78.

DORIGO 1983 = W. DORIGO, *Venezia Origini. Fondamenti, ipotesi, metodi*, I-III, Milano 1983.

FOZZATI – TONIOLO 1998 = L. FOZZATI – A. TONIOLO, *Argini-strade nella Laguna di Venezia*, in *Bonifiche e drenaggi con anfore in epoca romana*, a cura di S. Pesavento Mattioli, Modena 1998, pp. 197-208.

Geomorfologia della laguna di Venezia 2004 = *Geomorfologia della provincia di Venezia. Note illustrative della carta geomorfologica della provincia di Venezia*, a cura di A. Bondesan e M. Meneghel, Padova 2004.

GHEDINI 1989 = F. GHEDINI, *La romanizzazione attraverso il monumento funerario*, in *Misurare la terra: centuriazione e coloni nel mondo romano. Il caso veneto*, Modena 1989, pp. 52-71.

I pavimenti alla veneziana 2008 = *I pavimenti alla veneziana*, a cura di L. Lazzarini, Caselle di Sommacampagna (Verona) 2008.

LAZZARINI 1997 = S. LAZZARINI, *Tutela legale del sepolcro familiare romano*, in *Monumenti sepolcrali romani* 1997, pp. 67-97.

Lezioni Marciane 2013-2014 = *Lezioni Marciane 2013-2014. Venezia prima di Venezia. Archeologia e mito, alle origini di un'identità*, a cura di M. Bassani e M. Molin, Roma 2015 (*Venetia*/Venezia, 1).

MARZEMIN 1941 = G. MARZEMIN, *Il porto-arsenale romano di Venezia. Nuove documentazioni*, «Atti e Memorie dell'Ateneo Veneto» CXXXII, 128, 1941, pp. 493-514.

Monumenti sepolcrali romani 1997 = *Monumenti sepolcrali romani in Aquileia e nella Cisalpina*, a cura di M. Mirabella Roberti, «AAAD» XLIII, 1997.

NAMIA 1857 = G. NAMIA, *Cenni storici sopra Giovanni Casoni*, «Istituto Veneto Scienze Lettere Arti» II, III, 15, 1857, pp. 175-186.

ROSADA 2010 = G. ROSADA, *Per discutere infine di un'antica strada*, in *...viam Anniam* 2010, pp. 129-141.

ROSADA – LACHIN 2011 = G. ROSADA – M.T. LACHIN, *Tra Altino e Ravenna: Lova nel sistema stradale e portuale romano altoadriatico*, in *Alle foci del* Meduacus Minor, a cura di G. Gorini, Campagna Lupia (Padova) 2011, pp. 55-68.

SS. Ilario e Benedetto e S. Gregorio 1965 = SS. Ilario e Benedetto e S. Gregorio, a cura di L. Lanfranchi, B. Strina, Fonti per la storia di Venezia. Sez. 2, Archivi ecclesiastici, Venezia 1965.

Sartori 1997 = F. Sartori, Le forme della comunicazione epigrafica, in Monumenti sepolcrali romani 1997, pp. 39-65.

Schulze 1966[2] = W. Schulze, Zur Geschichte Lateinischer Eigennamen, Berlin-Zürich-Dublin 1966[2].

Spina 1995 = L. Spina, 'Sempre a pro degli studiosi': la biblioteca di Emmanuele Antonio Cicogna, «Studi Veneziani» n.s. 29, 1995, pp. 295–355.

Temanza 1761 = T. Temanza, Dissertazione sopra l'antichissimo territorio di Sant'Ilario nella diocesi di Olivolo, in cui molte cose si toccano all'antico stato della Venezia marittima appartenenti, Venezia 1761.

Valentinelli 1866, = G. Valentinelli, Marmi scolpiti del Museo Archeologico della Marciana di Venezia, Prato 1866.

...viam Anniam 2010 = ...viam Anniam influentibus palustribus aquis eververatam... Tradizione, mito, storia e katastrophé di una strada romana, a cura di G. Rosada, M. Frassine e A.R. Raffaele Ghiotto, Treviso 2010.

ABSTRACT

The paper aims at offering a reinterpretation of some unpublished manuscripts by Giovanni Casoni, a Venetian engineer who lived in the 19th century, that were dedicated to the discovery of a funerary altar with an interesting inscription, on Sant'Angelo della Polvere island, in the central part of the Venice Lagoon. Thanks to an in depth study on the archaeological elements highlighted in the manuscripts and thanks to a contextualization of the altar in the known ancient settlements, a new perspective of this artefact is proposed, also with some data related to the Roman gens quoted in the epigraphy.

IL VIAGGIO DEI SANTI

Marco Molin

Il tema del viaggio si presta ad essere trattato in vari modi e con più sfaccettature. La vita stessa può essere intesa come il viaggio per eccellenza, verso una meta, oppure verso l'ignoto; essa può essere vissuta con le caratteristiche del pellegrino che sa dove andare e che ha ben chiara la destinazione da raggiungere, anche se non conosce in quanto tempo arriverà alla fine del suo percorso, oppure può essere vissuta con l'atteggiamento del girovago che non sa dove arrivare, ma tanto gli basta per trascorre un tempo pesante che sembra non aver mai fine. Ogni singola persona inoltre vive all'interno di un ambiente, di una società, di una comunità civile e religiosa e di un ben determinato periodo storico. Si creano così legami che plasmano ciò che ci circonda e dai quali a propria volta si è plasmati. Anche i santi hanno tutti compiuto, almeno quelli realmente esistiti e non quelli frutto di invenzioni a scopo didattico, il viaggio della loro vita. I loro resti, le loro reliquie conservate e venerate per tenere vivo il ricordo delle loro persone e delle loro opere, spesso hanno compiuto almeno un viaggio, se non addirittura molti tragitti per giungere ad un luogo di destinazione che, con lo scorrere del tempo e i cambiamenti sociali che sempre avvengono nella storia, forse non sarà mai definitivo. Prima però di iniziare un viaggio alla scoperta di alcuni santi facenti parte e per più motivi della storia del territorio lagunare torcellano, si rende necessario compiere un breve *excursus* per comprendere chi sono i santi (*fig. 1*).

Se in quasi tutte le religioni il concetto di perfezione si riferisce a quei credenti che praticano uno stile di vita talmente esemplare da legarsi intimamente alla divinità, nel cristianesimo il fenomeno della santità non solo rispecchia questa idea, ma riveste anche una forte centralità supportata dalla teologia, dalla liturgia, dal diritto, dalle fonti scritte, ove queste siano reperibili, e da un'importante e secolare produzione iconografica. Il 'Santo' assume una forte dimensione antropologica, anche se la diversità delle coordinate geografiche e cronologiche imprime al concetto di santità varianti istituzionali e devozionali a volte molto diverse tra loro. Chi sono dunque i santi? I santi sono quegli uomini e quelle donne nei quali la realtà naturale e quella divina si sono incontrate; per i cristiani si tratta di in una condizione potenzialmente accessibile a tutti, in quanto tutti sono chiamati alla santità e proprio per essere questa una vocazione universale, essa si discosta dal concetto antico di 'eroe' pur mantenendone, a volte almeno apparentemente, le caratteristiche. La santità dunque non è una trasposizione degli eroi pagani nell'ottica di una religione nuova, ma teologicamente il 'santo' è colui che imposta la sua vita terrena fondandola sull'incarnazione, morte e risurrezione di Gesù Cristo, per ricevere poi il premio eterno nella vita ultraterrena. Per comprendere la santità bisogna contestualizzarla all'interno di una storia fatta di vari influssi e anche di diversi adeguamenti. In sostanza non tutti i santi, per vita e opere sono uguali.

Carattere di omogeneità presenta il culto rivolto alla Madonna, anche se gioca dialetticamente con una forte varietà iconografica sia in Oriente che in Occidente. A Torcello da sempre la Vergine Maria compare nel *titulus* della chiesa cattedrale, dapprima come *Theotokos* di chiara impronta bizantina, politicamente anti-longobarda e anti-ariana, per poi evolversi, attorno al X secolo nell'intitolazione alla Madonna Assunta, con un chiaro riferimento alla *Dormitio Virginis* di matrice orientale.

Si sa che con il diffondersi del cristianesimo nella città di Altino, la chiesa cattedrale, della quale al momento si sa ben poco, era dedicata alla Vergine; un ricordo di questa antica denominazione rimane nell'idrotoponimo 'canale Santa Maria' (*fig. 2*), la via acquea che da Altino ancora oggi conduce a Torcello. Perduta la città di Altino la sua importanza per l'interramento dei canali e l'insalubrità delle acque e trasferitosi il centro economico a Torcello, anche il vescovo spostò la sua sede amministrativa in questo luogo e quella prima chiesa che qui svolgeva le funzioni di cattedrale venne intitolata alla *Theotokos*. Anche se vari studi ne hanno messo in discussione l'autenticità[1], la famosa epigrafe torcellana del 639, rinvenuta a fine Ot-

---

[1] Cessi 1951, p. 35; Calaon 2013, p. 23. Fin dalla sua scoperta questa lapide è stata attribuita ora a Torcello, ora a Cittanova Eracliana, prima sede del dogado veneziano delle origini. Risulta difficile però pensare che gli abitanti di Eraclea abbiano portato a Torcello l'epigrafe per crearne un falso storico. Piuttosto essa va inserita all'interno del problema della nascita degli antichi episcopati lagunari. La diocesi di Torcello per lungo tempo manterrà il titolo di diocesi di Altino, di Nuova Altino o di Altino-Torcello; essa non va intesa quale creazione ecclesiastica *ex novo*, ma come una filiazione diretta dell'antica diocesi di Altino, luogo dal quale le autorità si sono lentamente spostate nel corso della tarda età imperiale. Il vescovo pur risiedendo a Torcello sicuramente a partire dalla metà del VII secolo ed esercitando un ruolo importante non solo sotto il profilo religioso, ma anche per quanto concerne gli aspetti politici ed economici, mantiene ancora il legame con l'antico titolo altinate. Solo dagli inizi del X secolo con la ricostruzione della cattedrale nelle sue forme attuale ad opera del vescovo Orso Orseolo (1008-1018), la diocesi di Torcello acquisirà il suo nome attuale, tralasciando definitivamente quello di Altino, ormai completamente abbandonata. Questo fenomeno rientra più volte nel corso della storia della chiesa; vescovi e popolo fanno fatica ad abbandonare

Fig. 1 – Isola di Torcello. Veduta area (Archivio fotografico del Centro Studi Torcellani).

Fig. 2 – Il 'canale Santa Maria' che da Altino porta a Torcello (Archivio fotografico del Centro Studi Torcellani).

Fig. 3 – Torcello, Basilica di Santa Maria Assunta. *Vergine Hodighitria*, mosaico absidale del XII secolo (Archivio fotografico del Centro Studi Torcellani).

tocento durante alcuni lavori di scavo nell'area retrostante la basilica, mostra chiaramente l'intitolazione alla Madre di Dio di una nuova chiesa che nasce in un'area politicamente soggetta all'influenza romano-bizantina. Sempre nella laguna torcellana, a Murano, isola che erediterà a partire dal XVII secolo la residenza dei vescovi di Torcello che non muteranno mai però il loro titolo torcellano, sorge nel X secolo una basilica dedicata alla Madre di Dio, al cui titolo si affiancherà nel 1125 il culto di San Donato vescovo di Evorea, quando il corpo del santo venne portato da Cefalonia dopo che la città fu conquistata dall'armata navale veneziana al comando del doge Domenico Michiel (1116/1117 – 1129/1130). Mentre nella cattedrale di Torcello la *Vergine Hodighitria* del mosaico absidale del XII secolo[2] riveste il ruolo di colei che indica il Divino Bambino come 'via da seguire', nella basilica di Murano la coeva iconografia mostra l'immagine della Madonna che ugualmente si staglia sul fondo oro e similmente è rivestita del *maphorion* di colore blu intenso, ma che si pone in un atteggiamento diverso, con le mani aperte quale *Blachernitissa*, cioè nella posizione tipica dell'orante (*figg. 3-5*).

L'universalità della devozione alla Madonna, definita nella liturgia orientale la *Tutta Santa*, porta ad edificare in ogni chiesa della diocesi di Torcello, parrocchiale o conventuale, edicole e altari a Lei dedicati, spesso costruiti ad opera di benefattori

---

le antiche tradizioni e perché la mutazione di un titolo episcopale avvenga, bisogna che del passato rimanga solamente la lontana memoria. Si pensi attualmente e solo per rimanere nel Veneto, alle diocesi di Concordia-Pordenone o di Adria-Rovigo: i rispettivi vescovi risiedono stabilmente a Pordenone e a Rovigo, sedi delle amministrazioni civiche e politiche, ma il loro insediamento ufficiale avviene nelle antiche città di Concordia e di Adria che, anche se impoverite di abitanti e di importanza rispetto ad un tempo, mantengono ancora il loro ruolo di sede ufficiale della diocesi. La chiesa, proiettata verso l'eternità, è abituata a ragionare con questi tempi a volte molto lunghi.

   [2] Polacco 1984, p. 46.

Fig. 4 – Murano, Basilica dei Santi Maria e Donato. Veduta delle absidi (Archivio fotografico del Centro Studi Torcellani).

e di fedeli che si riuniscono in scuole o confraternite, legati da una comune e collettiva devozione. Inoltre dopo la vittoria della flotta cristiana a Lepanto del 7 ottobre 1571, vittoria attribuita da Papa Pio V (1566-1572) all'intercessione della preghiera del rosario, sorgono numerose confraternite dedicate proprio a questa devozione; tali scuole si impreziosiranno nel corso dei secoli di svariate opere d'arte e la 'festa del Rosario', celebrata nel suo massimo grado liturgico come 'doppia di prima classe' in tutto il dominio veneziano, arriverà a soppiantare il più antico culto di Santa Giustina che cadeva lo stesso giorno. Tali scuole di devozione sono attestate oltre che nella Cattedrale di Torcello, anche nella chiesa di San Martino di Burano e nel Duomo di San Pietro di Mazzorbo. La devozione alla Madonna del Carmine celebrata il 16 luglio di ogni anno, ha trovato invece fin dal XVI secolo particolare rilievo nelle contrade delle Mesole e di Saccagnana, vicino a Treporti.

Viene spontaneo chiedersi: qualche reliquia della Madonna ha viaggiato nel territorio lagunare torcellano?

La secolare tradizione e la devozione dei credenti hanno sempre ritenuto Maria Assunta in corpo e anima nella gloria del cielo in quanto, come scrive San Giovanni

Fig. 5 – Murano, Basilica dei Santi Maria e Donato. *Vergine Orante*, mosaico absidale del XII secolo (Archivio fotografico del Centro Studi Torcellani).

Damasceno nel VII secolo «Dio non ha voluto che conoscesse la corruzione del sepolcro colei che ha generato l'autore della vita»; questo è diventato dogma di fede con la costituzione *Munificentissimus Deus* di papa Pio XII (1939-1958) del 1 novembre 1950. In questo modo non esistono reliquie del corpo di Maria, ma la devozione popolare, anche in laguna, ha voluto creare dei reliquiari contenenti frammenti del suo velo o della sua cintura. Si tratta, come si può ben intuire, di reliquie storicamente non attendibili e non più accettate nemmeno dalla liturgia contemporanea: il loro viaggio nella storia si limita ad essere testimonianza di un modo passato di intendere la fede e la religiosità popolare.

Passando ad esaminare almeno alcuni dei vari santi che hanno viaggiato nella diocesi di Torcello, si rende necessario fare una breve distinzione tra due termini spesso considerati simili e quindi a volte confusi: 'sacro' e 'santo'. Entrambi rimandano alla sfera del mondo religioso, talora con una sovrapposizione di significato, specialmente nell'uso aggettivale, che non è sempre facile distinguere se non per una convenzione dovuta alla loro utilizzazione in contesti diversi[3]: 'sacro' indica qualcosa che è dotato di caratteri propri che lo rendono completamente diverso da tutto il resto, mentre 'santo' ha più a che fare con la venerazione e il rispetto che esso suscita in qualcuno. *Sacer* è ciò che non è profano; è un aggettivo che nell'antichità veniva applicato a quello che era proprio degli dei, che stava quindi in una concezione completamente diversa dalla condizione creaturale dell'uomo e che proprio per questo risultava tanto affascinante, quanto tremendo[4]. Il sacro dunque è uno stato naturale che non appartiene all'uomo. *Sanctus* invece si presenta come forma aggettivale passiva del verbo *sancio*, sancire, indicando così qualcosa che è stato definito e confermato mediante una sanzione. Se sacro indica uno stato implicito, qualcosa che è così a prescindere da tutto e da tutti, santo invece è il risultato

---

[3] Cfr. SCORZA BARCELLONA 2015, p. 25.
[4] *Ibid.*

di un'operazione compiuta da parte di qualcuno autorevole che ne ha definito il concetto e le caratteristiche. Nel latino della classicità *sanctus* è l'aggettivo spettante a coloro che godono dell'inviolabilità, come i censori, i tribuni, gli ambasciatori ed è diventato per i cristiani il termine più adatto per indicare coloro che sono divenuti tali in forza delle loro virtù di fede e di vita. Interessante è anche la coppia di termini corrispondenti nella lingua greca e analoghi a *sacer-sanctus*, ossia *hieròs* e *hàghios*. Mentre *hàghios* come *sanctus* indica la persona qualificata come tale da qualcuno, *hieròs* non si identifica come opposizione a ciò che è profano, ma indica una proprietà, permanente o anche solo accidentale, risultante da una influenza divina: ecco il concetto di eroe. Nelle traduzioni dei testi sacri, i cristiani sceglieranno di utilizzare il termine *hàghios* per il concetto di santo, preferendolo a *hieròs* troppo legato all'uso religioso pagano[5].

In laguna, dopo il culto della Vergine particolare importanza riveste il culto dei martiri, coloro che hanno testimoniato la loro fede fino alla suprema effusione del sangue. È a partire dal II secolo che il sacrificio della vita in *odium fidei* viene chiamato martirio. Il martire è il testimone per eccellenza, è un vincitore destinato a ricevere subito il premio eterno; in questo senso il martire è un eroe per la sua testimonianza supportata dalla grazia di Dio; tale evento merita di essere ricordato nell'anniversario della morte, considerato il *dies natalis* verso quella vita che non avrà mai fine. Con l'editto di Costantino del 313 che considera il cristianesimo *religio licita* e pone fine così alle persecuzioni, il culto dei martiri si sviluppa differenziandosi dal culto dei semplici defunti in quanto, mentre quest'ultimo era celebrato dai soli familiari, la devozione verso i martiri è un evento liturgico che investe tutta la comunità.

Ecco che allora oggetto di venerazione diventano le reliquie dei martiri e poi più in generale dei santi, in quanto testimonianza di quel corpo beato destinato alla risurrezione nel giorno finale. Luigi Canetti, docente di storia del cristianesimo all'università di Bologna, ha ben intitolato un suo lavoro sulle reliquie dei santi *Frammenti di Eternità*[6]. Nel cristianesimo infatti la devozione verso le reliquie non ha il sapore di un triste culto dei morti, quanto piuttosto di un'attesa di beatitudine ultraterrena ed infinita che nella reliquia stessa continua a riverberarsi sulla terra. Venerando la reliquia non si prega dunque per il santo, ma si chiede al beato di essere lui ad intercedere presso Dio e a pregare per noi[7].

«A noi vengono lasciati i corpi dei Santi affinché per le loro buone azioni sia forte in noi la carità, rifulga l'umiltà, cresca la purezza, il timor di Dio e si consolidi l'amore del prossimo, si moderi la malvagità degli empi e i buoni riposino in una pace tranquilla»[8]. È il testo di una pergamena dell'XI secolo rinvenuta durante la

---

[5] *Ibid.*
[6] Canetti 2002.
[7] Interessanti in merito sono i *Sermoni sul Vangelo di Giovanni* di Sant'Agostino.

ricognizione delle reliquie di Santa Barbara compiuta nel 1630 nel monastero di San Giovanni Evangelista di Torcello. Se da questo cartiglio sembra che i santi e le loro reliquie rivestano solo caratteristiche religiose, in realtà si deve considerare che i santi, almeno per tutto il Medioevo, mostrano una forte commistione della sfera religiosa con quella politica e civica. Le famiglie più imminenti della diocesi di Torcello, ma il concetto deve generalmente essere più esteso, possiedono le reliquie di alcuni santi come un vero e proprio patrimonio personale; si viene così a creare un rapporto quasi parentale tra famiglia e santo che rispecchia in chiave celeste la relazione di patronato esistente nel mondo romano tra *patronus* e *clientes*. Come infatti il *cliens* serviva il suo *patronus* e da questi riceveva l'essenziale per vivere, così le famiglie torcellane nei secoli X-XI iniziano a costruire nelle isole chiese e conventi per custodire le reliquie dei santi e aumentarne la devozione, ma ai santi, spesso martiri, esse chiedono di essere potenti intercessori presso Dio donando salute e benessere ai propri componenti e, all'occorrenza, prosperità ai propri affari, realtà assai cara in una Venezia delle origini già consapevole della sua vocazione commerciale. È un rapporto di dare e avere, in una ostentazione politica su chi possedeva la reliquia più importante, considerata un prezioso tesoro di famiglia, preludio di un tesoro oltre la morte. La funzione di intercessori riconosciuta ai martiri sicuramente a partire dal III secolo, ma poi estesa ai santi riconosciuti ufficiali dalla chiesa e quindi degni di culto, anche se con forme e dinamiche diverse nel corso dei secoli, trova la sua remota origine già nelle preghiere rivolte ai Lari e ai Mani del mondo precristiano, anche se essa si discosta dalle varie richieste rivolte ai singoli defunti in quanto ai martiri e ai santi viene attribuita una speciale funzione diaconale presso Dio.

Come si conoscono i santi venerati nella diocesi di Torcello? Oltre alla documentazione della diocesi conservata presso l'archivio storico del Patriarcato di Venezia[9], bisogna fare riferimento anche ad alcuni cataloghi redatti nel corso del secoli e aventi per oggetto l'agiografia veneziana, all'interno della quale si inserisce il microcosmo dei santi lagunari torcellani. Alla prima metà del XIV secolo risale l'opera *Legendae de Sanctis* del domenicano Pietro Calò, nato a Chioggia, vissuto per molto tempo nel convento dei Santi Giovanni e a Paolo a Venezia e morto a Cividale nel 1348. Nel testo trovano posto i santi Eliodoro e Liberale, nonché la già citata traslazione di San Donato a Murano. Agli anni 1369-1372 va ascritto il *Catalogus Sanctorum et eorum gestorum ex diversis et multis voluminibus collectus* di Pietro Natali, parroco ai Santi Apostoli di Venezia e poi vescovo di Equilio (1370 - +post 1400). L'opera in «compendioso stilo» e «brevissima oratione» fu pubblicata a Vicenza nel 1493[10].

Al camaldolese di San Michele di Murano Nicolò Malerbi si deve nel 1475 la pubblicazione della *Legenda Aurea* di Jacopo da Varazze con l'aggiunta sia di feste

---

[8] Molin 2011.
[9] Archivio Storico del Patriarcato di Venezia, Antichi Episcopati Lagunari, Torcello.

approvate dopo la composizione dell'opera, sia delle vite di santi venerati a Venezia quali Santa Fosca, le cui reliquie sono ancora oggi custodite nell'omonima chiesa di Torcello. Altri santi veneziani e lagunari sono menzionati nel *Libro Novo delle Vite de' Santi li Corpi de' quali riposano nella città di Venetia, aggiuntovi anche molti altri Santi che giornalmente ricorrono nel calendario gregoriano dei quali la Santa Chiesa fa commemoratione nelle lettioni del Martirologio Romano*, redatto dal sacerdote della chiesa di San Tomà Francesco Porta e pubblicato nel 1613. Alla seconda metà del Settecento invece risale l'opera monumentale di Flaminio Corner sulle chiese di Venezia e di Torcello, ricca di numerose informazioni e quasi sempre citata nei testi di storia religiosa lagunare[11].

Non è possibile iniziare il viaggio dei santi in laguna senza pensare al viaggio leggendario compiuto da San Marco Evangelista. Vissuto nel I secolo, Giovanni-Marco, cugino di Barnaba, segue l'apostolo Pietro nella sua predicazione redigendo il primo vangelo. Vescovo di Alessandria d'Egitto, avrebbe subito il martirio in quella città e secondo una tradizione, prima di morire in Egitto sarebbe stato il fondatore della chiesa di Aquileia. È impossibile esaminare in questa sede la storia di San Marco dipanandone la matassa intrisa di leggenda. Va però ricordato che secondo la mitica *Translatio Sancti Marci*, il suo corpo sarebbe stato trafugato nell'anno 828-29 dalla città di Alessandria dai due mitici mercanti, Buono da Malamocco e Rustico da Torcello che, eludendo la guardia islamica coprendo le reliquie con la carne di maiale, lo avrebbero portato a Venezia, passando prima per Torcello dove sarebbe stata costruita una chiesa in suo onore. Che si tratti di storia o di leggenda, che sia fondata tradizione o semplice letteratura agiografica, questo evento testimonia comunque come nell'Alto Medioevo Torcello fosse un luogo portuale da dove partivano e dove arrivavano navi cariche di merci e di reliquie.

Anche se ha marginalmente a che fare con la diocesi torcellana, riveste particolare importanza nel periodo della Venezia delle origini la figura di San Magno, nativo di Altino, vescovo di Oderzo attorno al 630 e poi di Eraclea in seguito alla caduta della città nelle mani di Rotari, avvenuta nel 638. Presule vicino al suo popolo durante l'invasione dei Longobardi, attento ai bisogni materiali e spirituali della sua gente, figura religiosa e politica come era tipico dei vescovi del tempo, egli è ricordato per essere stato il mitico fondatore delle più antiche chiese di Venezia. La *Leggenda di San Magno*, espressione di fede semplice che fa pensare a qualche scritto ingenuo del Trecento[12] annota sogni e premonizioni che spinsero il vescovo fino alle isole realtine dove fece edificare alcune delle chiese più antiche ed importanti come quelle di Santa Maria Formosa, dell'Angelo Raffaele, di San Giovanni in

---

[10] TRAMONTIN *et alii* 1965, p. 21.
[11] CORNER 1749.
[12] MUSOLINO – NIERO – TRAMONTIN 1963, p. 90.

Bragora, dei Dodici Apostoli e altre. Sta maturando sempre più il mito delle origini di Venezia che di lì a poco troverà il suo definitivo compimento[13]. Dopo essere stato custodito per anni nella chiesa di San Geremia a Venezia, dove era stato portato agli inizi del XIII secolo dal doge Pietro Ziani (1225-1229), nel 1956 il corpo di San Magno è stato riportato nella ricostruita chiesa di Eraclea[14].

È ormai assodato come la chiesa di Torcello si fondi sull'antica diocesi di Altino e ne sia la naturale evoluzione senza soluzione di continuità[15]. Come scrisse Antonio Niero infatti «i santi di Torcello presuppongo quelli di Altino»[16] e questa linearità è testimoniata dalla devozione a Sant'Eliodoro, proto vescovo di Altino, le cui reliquie sono state traslate a Torcello nel VII secolo. Una tradizione avvolta dalla nubi del tempo e della storia vuole che l'antico *municipium* ai margini della laguna sia stato evangelizzato da San Prosdocimo vescovo di Padova; un'altra consuetudine non meno nebulosa, sostiene invece che la città sia stata evangelizzata da Sant'Ermagora di Aquileia. Nato attorno al 330 o 340, amico di importanti figure cristiane del tempo quali il dalmata Girolamo, traduttore in latino della bibbia, di Ruffino da Concordia, dei fratelli Cromazio ed Eusebio di Aquileia, zio materno di Neponziano, dopo una breve esperienza monastica in Oriente assieme a Girolamo con il quale mantenne rapporti epistolari, Eliodoro ritornò in patria e nel 381 lo si trova partecipante, come vescovo di Altino, al Concilio di Aquileia convocato per sconfiggere l'eresia ariana. Sempre la non ben documentata tradizione vuole che egli abbia scelto di ritirarsi in solitudine nell'isola di Castrazio a nord di Torcello, dove morì il 3 luglio in un anno databile attorno ai primi decenni del V secolo. Il suo culto si diffuse rapidamente e divenuta Torcello la sede del vescovo di Altino, Eliodoro ne divenne il principale patrono. La sua festa celebrata il 3 luglio di ogni anno era considerata uno dei giorni più solenni per l'intero territorio lagunare torcellano[17]. Le sue reliquie sono ancora oggi custodite sotto l'altare maggiore della cattedrale di Santa Maria Assunta. La sua immagine campeggia in un mosaico rifatto nel XVIII secolo posto sopra l'antica cattedra episcopale un tempo collocata sulla sommità del *syntronon* della basilica e nella pala d'oro di Torcello del XIII secolo conservata nel locale museo. Il nome di Eliodoro compare inoltre nelle litanie della diocesi torcellana redatte nei secoli XII-XIII (*fig. 6*).

Sempre nella basilica di Torcello sono conservate altre reliquie di Santi, tra i quali meritano attenzione Teonisto, Tabra e Tabrata. Ad essi vanno collegati anche Alba-

---

[13] Si veda in merito alla mitica nascita di Venezia anche CENTANNI 2015.

[14] Nel 1950 il paese assunse il nome antico di Eraclea, al posto di quello usato in precedenza di Grisolèra, dovuto all'abbondanza delle *grisiòe*, ossia il canneto palustre che cresceva in zona.

[15] MOLIN 2008.

[16] NIERO 1987, p. 31.

[17] Con la riforma del calendario liturgico voluta dal Concilio Vaticano II, poiché al giorno 3 luglio venne fissata la festa di San Tommaso Apostolo, la solennità di Sant'Eliodoro, ormai ridotta a memoria obbligatoria per l'intera diocesi di Venezia, fu trasferita al giorno seguente.

no ed Orso, patroni di Burano, dei quali si dirà successivamente, anche se in questo caso ci si trova di fronte ad «uno dei nodi più imbrogliati dell'agiografia medievale»[18]. Secondo due tradizioni i Santi Teonisto, Tabra e Tabrata proverrebbero o dalla Macedonia o dalla Germania e sarebbero stati uccisi il 30 ottobre del 380 a Musestre, località ancora oggi esistente vicino ad Altino, dal partito ariano della città. Portati i loro corpi a Treviso, ad Altino e poi a Torcello ne rimase la devozione. Se Teonisto, o Teonesto, si ritiene

Fig. 6 – Torcello, Basilica di Santa Maria Assunta. *Sant'Eliodoro*, mosaico rifatto nel XVII secolo (Archivio fotografico del Centro Studi Torcellani).

possa essere stato un vescovo tedesco, per Tabra e Tabrata invece il Niero sospetta una loro origine orientale, con una traslazione delle loro reliquie solo in epoca successiva[19]. Non è escluso che i nomi Tabra e Tabrata siano legati non tanto all'onomastica di due persone realmente esistite, quanto piuttosto alla toponomastica di due luoghi dell'Africa settentrionale: Thabraca in Numidia e Tabratha o Sàbratha nella Tripolitania. Anche San Liberale di Altino, patrono principale di Treviso, fu molto venerato a Torcello, ma in questo caso i rapporti con Altino sono più leggendari che storicamente attendibili. La tradizione vuole che questo cristiano appartenente al rango equestre, sia morto il 27 aprile del 437 nell'isola di San Lorenzo di Ammiana dove si sarebbe ritirato assieme ad Eliodoro[20]. Sia San Liberale, sia i Santi Teonisto Tabra e Tabrata, hanno un proprio altare laterale nella basilica di Torcello, edificato per volere del vescovo Antonio Grimani (1587-1618) nei primi anni del Seicento, dove sono custodite delle ancone lignee più antiche. Di Tabra e Tabrata si conservano anche le reliquie dentro un'urna lignea (*fig. 7*).

Sempre a Torcello, vicino alla basilica sorge la chiesa di Santa Fosca, a completare così il tipico schema paleocristiano che prevedeva l'accostamento alla cattedrale del battistero e di un edificio martiriale costruito per accogliere le reliquie di alcuni santi, in questo caso delle Sante Fosca e Maura. Di esse si sa ben poco, se non che i loro corpi furono trafugati da un certo Vitale dalla città di Sabrata nell'Africa Settentrionale e, passando per Ravenna, giunsero a Torcello nel 1001. La tradizione vuole che Fosca fosse una giovane ragazza e Maura la sua nutrice, unite entrambe

---

[18] NIERO 1987, p. 49. Si veda anche COSTANTINI – MOLIN 2013.

[19] NIERO 1987, p. 50.

[20] San Lorenzo di Ammiana è un isolotto paludoso a nord-est di Torcello, oggetto di interessanti campagne di scavo durante gli ultimi decenni che hanno portato alla luce reperti e strutture insediative riferibili ad un arco cronologico compreso tra l'età imperiale e il basso medioevo. Nella denominazione popolare risalente alla tradizione, ancora oggi tale luogo è conosciuto come *Motta di San Liberale*.

Fig. 7 – Torcello, Basilica di Santa Maria Assunta. Paolo Campsa (1526 circa), Pala d'altare lignea di San Liberale (Archivio fotografico del Centro Studi Torcellani).

nel martirio in un'epoca non ben precisata. L'unica certezza sembra essere l'origine africana delle due sante, supportata dall'onomastica di entrambe: Fosca e Maura (o Mora) sono nomi o aggettivi che andrebbero ad identificare due persone scure di carnagione[21] (*fig. 8*).

Interessante si presenta la leggenda dell'arrivo a Burano dei Santi Albano e Orso, ai quali sarà aggiunto successivamente Domenico per voler formare anche in quest'isola la triade liturgica composta da vescovo, diacono e suddiacono, come a Torcello con Teonisto, Tabra e Tabrata.

La tradizione vuole che il 21 giugno dell'anno 1067, mentre gran parte della popolazione di Burano cercava ristoro dalla calura estiva lungo il canale retrostante la chiesa di San Martino, all'improvviso si vide galleggiare miracolosamente sulle acque un pesante sarcofago in marmo. Subito furono chiamati gli uomini più forti dell'isola che non riuscirono però a tirare a riva l'urna, mentre ne furono capaci alcuni fanciulli grazie alla loro innocenza. All'interno si rinvennero i corpi dei santi citati, che da subito furono venerati da clero e popolo come patroni dell'isola (*fig. 9*). La leggenda agiografica a scopo didattico-moraleggiante è evidente, ma non per questo priva della sua autorevolezza storica e religiosa. I secoli X-XI sono il periodo di massimo splendore del territorio torcellano; le isole stanno assumendo una sempre maggiore importanza dal punto di vista civico e una sempre maggiore autonomia sotto il profilo religioso diventando spesso sede di pievi con un proprio parroco, il 'pievano', dotato di ampia autorità delegata dal vescovo di Torcello. Le chiese delle varie isole

---

[21] I documenti che si riferiscono a Santa Fosca di Torcello sono piuttosto scarsi: nel IX secolo è ricordata una chiesa di Santa Fosca di Torcello dipendente dal monastero di San Zeno di Verona e nel 1011, quindi dieci anni dopo la traslazione delle reliquie, Bona e Fortunata, due sorelle di Torcello, lasciano in eredità alcune proprietà alla chiesa di Santa Fosca.

Fig. 8 – Torcello, Chiesa di Santa Fosca (Archivio fotografico del Centro Studi Torcellani).

hanno bisogno di fondare su dati importanti questa loro autonomia amministrativa e liturgica; se a Torcello e a Murano la *Theotokos* è la titolare rispettivamente della cattedrale e della chiesa matrice, se a Mazzorbo fin dal VII secolo il duomo dell'isola è dedicato all'apostolo Pietro, godendo di diritti e prerogative quasi episcopali, se ad Ammiana la pieve è sotto la protezione del martire Lorenzo particolarmente venerato dalla chiesa fin dai primi secoli, Burano con questa *inventio*[22] dei corpi di tre santi martiri, tra i quali un vescovo, trova il fondamento per la sua autorità religiosa, in concorrenza con le altre isole. Si aggiunge poi che ai santi vengono anche attribuiti fatti prodigiosi: la leggenda vuole che Sant'Albano avesse con sé un sorta di botticella che quotidianamente stillava il vino per la celebrazione eucaristica che si teneva nella chiesa parrocchiale di Burano. Gli abitanti di Murano, saputo il prodigio che si verificava nell'isola, durante una notte del XII secolo trafugarono l'oggetto sacro, che giunto però nella loro isola non donò più vino e venne così

---

[22] È significativo notare come nella storia religiosa, ma non per questo confessionale, il termine *inventio* possa essere tradotto sia come ritrovamento, sia come invenzione.

Fig. 9 – Burano, Chiesa di San Martino. Antonio Zanchi (1690), *L'arrivo dei Santi a Burano* (su gentile concessione della parrocchia di Burano).

murato in alto a sinistra lungo la navata centrale della basilica di Santa Maria, dove ancora si trova. Per dispetto i Buranelli rubarono da Murano una scarpa sembra appartenuta a San Donato, il cui corpo era ormai giunto in isola; di questa però si è persa ogni traccia[23]. Festeggiati il 21 giugno di ogni anno, i Santi Patroni di Burano sono sempre stati oggetto di una profonda devozione da parte degli abitanti dell'isola, anche se ora in un contesto storico profondamente mutato rispetto al passato

---

[23] COSTANTINI – MOLIN 2013.

Fig. 10 – Burano, Chiesa di San Martino. Cappella dei Santi Patroni addobbata per la festa del 21 giugno (foto di Andrea Memo).

anche recente, essa risente di un forte declino. La processione che si svolgeva lungo tutta l'isola vedeva il parroco portare solennemente la reliquia di Sant'Albano custodita all'interno di un reliquario antropomorfo a forma di braccio. Voleva essere un segno evidente della presenza spirituale del santo-vescovo-martire che continuava a passare con il suo 'frammento di eternità' in mezzo al popolo nell'atto di benedire e conseguentemente di proteggere. I reliquiari antropomorfi sono molto diffusi nell'area alto-adriatica: anche a Torcello si custodisce un braccio d'argento contenente la reliquia dall'apostolo Giacomo e altri reliquiari simili si trovano a Caorle e nelle antiche diocesi veneziane della Croazia e della Dalmazia. Ai Santi Albano, Domenico ed Orso è dedicato un altare in una cappella laterale della chiesa di San Martino di Burano, all'interno della quale sono collocate alcune pregevoli tele di scuola veneta raffiguranti episodi legati alle vicende della loro vita, delle loro reliquie o dei miracoli ad essi attribuiti (*fig. 10*).

Sempre a Burano sono custodite le reliquie di Santa Barbara, portate nell'isola nel 1811, quando ormai Torcello, dove sono state custodite per otto secoli, aveva perduto totalmente la sua importanza in conseguenza anche dei decreti napoleonici di soppressione degli ordini religiosi del 1806 e del 1810 che decapitarono il territorio di quella poca vitalità che vi rimaneva. Le vicende di Bar-

Fig. 11 – Laminetta in bronzo del XVII secolo raffigurante Santa Barbara, proveniente dalla Chiesa di San Giovanni Evangelista di Torcello (Molin 2011).

bara vanno collocate nella città di Nicomedia, provincia della Bitinia, in un arco temporale compreso tra il 286 e il 305. Figlia del potente Dioscoro, notabile della città, fu sottoposta ai più atroci supplizi per aver abbracciato la religione cristiana, secondo un *topos* tipico che in età medievale ha caratterizzato le vicende di queste sante dei primi secoli. Dopo varie torture fu lo stesso padre a portarla sopra un monte e ad ucciderla tagliandole la testa. Non appena però Dioscoro si accinse a scendere dalla montagna dove Barbara trovò il martirio, venne colpito da un fulmine, simbolo della giustizia divina, che secondo la tradizione lo incenerì all'istante. Il culto di Barbara si diffuse rapidamente e dalla metà del VI secolo le sue reliquie furono custodite nella chiesa del *Pantocrator* a Costantinopoli fino quando, nel 1003 vennero portate a Venezia come dono nuziale dell'imperatore Basilio II alla nipote Maria, figlia del patrizio Argiro che nel frattempo aveva sposato Giovanni Orseolo, figlio del doge Pietro Orseolo II che era stato inviato in ambasceria a Costantinopoli qualche tempo prima.

Essendo in quest'epoca le reliquie, come è già stato evidenziato, un patrimonio della famiglia che le possedeva, una volta morti a causa di una pestilenza Giovanni, Maria e il bambino che nel frattempo era nato dalla loro unione, le reliquie di Barbara nel 1009 furono portate dal fratello di Giovanni, Orso Orseolo (1008-1018) che era vescovo di Torcello, proprio nella città lagunare e collocate nella chiesa del monastero benedettino femminile di San Giovanni Evangelista di Torcello dove la loro sorella, Felicita Orseolo, era badessa (*fig. 11*). Da questi passaggi storici ben documentati, si comprende bene sia il legame già descritto tra famiglie patrizie e le reliquie dei santi, sia la forte devozione che ha sempre rivestito la figura di Santa Barbara di Nicomedia. Patrona dei marinai, protettrice di coloro che hanno anche fare con le armi da fuoco, essa fu oggetto di grande venerazione a Torcello per otto secoli. La sua festa cele-

Fig. 12 – Burano, Chiesa parrocchiale, fine XIX secolo. Collocazione delle reliquie di Santa Barbara (Molin 2011).

Fig. 13 – Burano, Oratorio di Santa Barbara, 1925 (Molin 2011).

brata il 4 dicembre, era seguita da una seconda festa che veniva commemorata tra la fine di maggio e l'inizio di giugno, quando le giornate più calde e il tempo più clemente rispetto ai freddi inverni lagunari, permetteva ai Veneziani e a i confratelli delle scuole di Venezia di giungere a Torcello su grandi imbarcazioni solennemente preparate e addobbate. Perduta Torcello la sua importanza e ormai soppressi sia la chiesa che il monastero di San Giovanni Evangelista, nel 1811 le reliquie compirono un altro viaggio fino alla vicina Burano per essere collocate nella chiesa parrocchiale di San Martino (*fig. 12*). Al temine del primo conflitto mondiale, fu restaurato l'oratorio situato vicino alla chiesa e le reliquie trovarono la loro collocazione in questo sacello dedicato ai soldati caduti durante la guerra (*figg. 13-14*). Ancora oggi le reliquie di Santa Barbara, anche se tra alterne vicende dei decenni passati, sono custodite in questo luogo. Particolarmente interessante è la ricognizione canonica eseguita da un'equipe medico-scientifica dell'università dei Padova sui resti scheletrici conservati a Burano, all'interno di una più ampia indagine volta a verificare l'autenticità o meno delle reliquie di alcuni santi orientali giunte a Venezia nel corso dei secoli. Il prof. Cleto Corrain, che ha coordinato il progetto, valutando i vari

Fig. 14 – Burano, Oratorio di Santa Barbara. Balaustra in bronzo realizzata con i residui bellici rinvenuti lungo il Piave, 1925 (Molin 2011).

Fig. 15 – Burano, urna d'argento contenente le reliquie di Santa Barbara (Archivio fotografico del Centro Studi Torcellani).

parametri scheletrici ed osteologici e confrontando i dati emersi con la tradizione storica, ha affermato che in questo caso non si può escludere trattarsi della santa[24] (*fig. 15*).

Compiendo un viaggio nella vicina Murano, all'interno della basilica dei Santi Maria e Donato, troviamo i corpi di due santi che meritano di essere ricordati. San Gerardo Sagredo, nato a Venezia negli ultimi decenni del X secolo e monaco a San Giorgio Maggiore, fu inviato assieme ad altri monaci benedettini in Ungheria, non solo con uno scopo di evangelizzazione, ma anche con la volontà di far gravitare

---

[24] Costantini – Molin 2013.

Fig. 16 – Venezia, Chiesa di San Rocco. Statua raffigurante San Gerardo Sagredo (Archivio fotografico del Centro Studi Torcellani).

Fig. 17 – Murano, Basilica dei Santi Maria e Donato. Urna contenente il corpo del Beato Daniele d'Ungrispach (Archivio fotografico del Centro Studi Torcellani).

nell'area gli interessi della classe dirigente veneziana[25]. Gerardo, divenuto primo vescovo di Csanàd, venne ucciso il 24 settembre del 1046 da un gruppo di eretici presso Buda e gettato dal monte Kelen, che da lui prese poi il nome di monte Gerardo, nelle acque del Danubio. Venezia ebbe così il suo primo e unico martire. Il suo culto iniziò poco dopo. Sepolto nella città di cui fu vescovo, il suo corpo fu traslato a Murano nel 1384 per sottrarlo alle incursioni dei Tartari (fig. 16).

La seconda reliquia invece è quella del Beato Daniele d'Ungrispach, nato a Cormons nel 1344, ricco mercante di pelli di vaio, fu podestà di Pordenone nel 1384, nonché marito e padre integerrimo. Recandosi spesso a Venezia per i suoi commerci, era solito soggiornare presso il monastero camaldolese di San Mattia di Murano, dove venne strangolato da alcuni sicari nel settembre del 1411. Considerato un martire camaldolese, il suo culto si diffuse fin da subito e crebbe quando, esumato il suo corpo nel 1435, esso fu trovato incorrotto e profumato. Soppresso il monastero di San Mattia nel 1810, il corpo del beato Daniele fu portato nella sacrestia delle basilica della Salute di Venezia per far poi ritorno a Murano nel 1857 in una cappella dell'Istituto Dalmistro retto dalle suore maestre di Santa Dorotea. Dopo la chiusura dell'istituto il corpo è stato trasportato nella basilica dell'isola dove ancora si trova, esposto alla venerazione e ricoperto da un drappo dorato donato nel 1745 per grazia ricevuta (fig. 17).

A causa del declino della diocesi di Torcello, non furono solo Santa Barbara e il Beato Daniele d'Ungrispach a compiere un ulteriore viaggio. Ridotta in una condi-

---

[25] Tramontin 1988, p. 163.

zione di estrema povertà in conseguenza delle soppressioni napoleoniche, vacante in seguito alla morte dell'ultimo vescovo Nicolò Sagredo, avvenuta il 16 agosto 1804, la diocesi fu soppressa, unitamente a quella di Caorle, da papa Pio VII con la bolla *De Salute Dominici Gregis* del 1 maggio 1818.

La soppressione nelle isole di chiese e conventi e la loro conseguente demolizione, portò alla disgregazione di un immenso patrimonio di resti sacri, anche alla luce della mentalità dell'epoca che considerava superstizione un certo tipo di religiosità. Mentre le reliquie più piccole andarono in gran parte disperse, i corpi dei santi conservati quasi nella loro interezza si salvarono e compirono il loro 'viaggio' verso qualche altra destinazione. In questo contesto, il corpo di Santa Cristina martire, giunto dapprima nell'isola di Ammiana, trasportato poi nel monastero di Sant'Antonio di Torcello nel XV secolo, fu portato infine nella chiesa di San Francesco della Vigna a Venezia dove ancora si trova; così i teschi dei Santi Martiri Mario e Adriano giunti dalle catacombe nel XVII secolo e conservati in urne di cristallo nella chiesa di Santa Caterina di Mazzorbo, agli inizi del Novecento furono portati nella parrocchiale di San Martino di Burano, chiesa dove venne traslato il corpo di un non ben precisato San Massimo custodito prima nella chiesa delle monache servite della stessa isola.

Dai documenti della cancelleria episcopale di Torcello emergono numerosi atti di donazione di reliquie di santi alle varie chiese della diocesi lagunare; cardinali e vescovi veneziani soggiornanti a Roma, soprattutto nella seconda metà del Seicento, fanno quasi a gara nel donare a sacerdoti amici o a monache alle quali sono legati da vincoli di parentela, frammenti di corpi di martiri provenienti dalla catacombe cittadine, oggetti sacri che vanno così a impreziosire i tesori delle loro chiese e che nel nome preannunciano quell'eternità di cui la reliquia altro non è che un frammento visibile: Fortunato, Felice, Vittorioso, Feliciano, Urbano, Cecilia, Apollonia, Casto, Ciriaco, Felicissima, sono tra i nomi più diffusi, molti dei quali rimandano ad un'innata attesa di beatitudine celeste più che a persone realmente esistite.

Nel territorio torcellano non viaggiarono solo santi locali o reliquie di santi ormai trapassati da secoli. Secondo una tradizione, a volte molto criticata dagli storici[26], avrebbe compiuto un suo viaggio quando era in vita San Francesco d'Assisi. Nel 1220 egli, al ritorno dalla sua permanenza in Oriente, si sarebbe imbarcato su navi veneziane per fare rientro in Italia e sarebbe sbarcato nel porto di Torcello, allora ancora centro importante e lontano dalla decadenza dei secoli successivi. Come tramanda San Bonaventura, il Santo di Assisi avrebbe compiuto il famoso miracolo di far stare in silenzio uno stormo di rondini che garrivano mentre lui e il suo compagno stavano raccolti in preghiera. Sempre la tradizione che si mescola spesso alla leggenda e all'agiografia ricca di particolari fantasiosi, narra che Francesco

---

[26] Gatti 2010. L'autore, studioso e frate minore conventuale, nega totalmente la possibile presenza di San Francesco nella laguna Torcellana.

Fig. 18 – Isola di San Francesco del Deserto. Veduta aerea (Archivio fotografico del Centro Studi Torcellani).

avrebbe piantato il suo bastone da pellegrino sull'isola dove sarebbe sbarcato e da questo ne sarebbe nato un albero secolare, caduto alla metà del Settecento a causa di un tremendo fortunale: nel convento ancora oggi si custodiscono i resti di questo tronco miracoloso. Ad un certo punto però la tradizione nebulosa lascia spazio alla storia documentata. Si sa che nel 1233, quindi pochi anni dopo il presunto sbarco di San Francesco, il nobile veneziano Jacopo Michiel dona l'Isola delle due Vigne, come allora si chiamava, ai seguaci del Santo di Assisi e in quel luogo vi costruisce una piccola chiesa. Si tratta del primo edificio religioso dedicato al Santo di Assisi. L'isola venne abitata dai francescani fino alla metà del Quattrocento quando, sia in seguito alla decadenza morale degli ordini religiosi veneziani, sia a causa dell'insalubrità delle acque che rendevano fortemente malsano il territorio torcellano ormai non più luogo ideale di traffici e commerci, essa venne abbandonata prendendo da questo fatto il nome di San Francesco del Deserto. Nuovamente abitata tra alterne vicende nei secoli successivi, soggetta ai decreti napoleonici di soppressione dei primi anni dell'Ottocento, l'isola alle metà del XIX secolo è stata ridonata ai frati francescani che ancora oggi la custodiscono come luogo di pace e serenità mantenendo viva la memoria di questo viaggio compiuto dal loro fondatore (*fig. 18*).

Redigere un elenco completo dei vari santi venerati nel corso dei secoli nella diocesi di Torcello è un'impresa ardua, che richiede molto tempo e fatica; non è impossibile ed è tra gli impegni futuri di chi scrive. In questa sede, sia per limiti di tempo che di spazio, si è cercato solamente di compiere un viaggio, forse breve ed essenziale, assieme alle figure dei santi lagunari più conosciute o a quelle più curiose: è solo un inizio, ma è anche un altro tassello in più nella storia lagunare torcellana.

Bibliografia

Bertoli 2001 = B. Bertoli, *La soppressione di monasteri e conventi a Venezia dal 1797 al 1810*, «Archivio Veneto», s. V, CLVII, 2001.

Bianchi – Ferrari 1968 = C. Bianchi – F. Ferrari, *L'isola di San Francesco del Deserto. Ricerca storica e intervento di restauro*, Padova 1968.

Braccesi 2015 = L. Braccesi, *Dalla Fossa Augusta alla Via Claudia Augusta*, «RFIC» 143, 2015, pp. 76-81.

Calaon 2013 = D. Calon, *Quando Torcello era abitata*, Regione Veneto, Udine 2013.

Canal 2013 = E. Canal, *Archeologia della laguna di Venezia. Anni 1960-2010*, Caselle di Sommacampagna (Verona) 2013.

Canetti 2002 = L. Canetti, *Frammenti di eternità. Corpi e reliquie tra antichità e medioevo*, Roma 2002 (Sacro/Santo, 6).

Carile 1987 = A. Carile, *Il problema delle origini di Venezia in Le origini di Venezia*, Venezia 1987, pp. 77-100 (Contributi alla storia della chiesa Veneziana, 1).

Centanni 2015 = M. Centanni, *Venezia/Venusia nata dalle acque*, in *Lezioni Marciane 2013-2014. Venezia prima di Venezia. Archeologia e mito, alle origini di un'identità*, a cura di M. Bassani e M. Molin, Roma 2015 (Venetia/Venezia, 1), pp. 77-110.

Cessi 1951 = R. Cessi, *Le origini del Ducato Veneziano*, Napoli 1951.

Corner 1749 = F. Corner, *Ecclesiae Torcellanae antiquis monumentis nunc etiam primum editis illustratae*, Venetiis 1749.

Corrain – Capitanio 1995 = C. Corrain – M.A. Capitanio, *Ricognizione di alcune reliquie attribuite a Santi Orientali conservate a Venezia*, «Quaderni di scienze antropologiche» 21, 1995, pp. 15-53.

Costantini – Molin 2013 = S. Costantini – M. Molin, *I Santi Patroni di Burano. Un complicato enigma nell'agiografia medievale*, Cavallino-Treporti 2013, pp. 1-86 (Quaderni Torcellani, 6)

De Biasi 1994 = M. De Biasi (a cura di), *Storia di Burano*, Venezia 1994.

Fedalto 1987 = G. Fedalto, *Le origini della diocesi di Venezia*, in *Le origini di Venezia*, Venezia 1987, pp. 123-142 (Contributi alla storia della chiesa Veneziana, 1).

FERRARI s.d. = F. FERRARI, *San Francesco del Deserto*, Bologna s.d.

FERRARI 2010 = F. FERRARI, *Origini Francescane nel Veneto. San Francesco del Deserto*, Belluno 2010.

GATTI 2010 = I. L. GATTI, *I Francescani Conventuali. I primi tre secoli: 1220-1517* in *Ordini religiosi cattolici a Venezia*, Venezia 2010, pp. 43- 99 (Quaderni delle scuole di Venezia, 3).

LAZZARINI 1969 = V. LAZZARINI, *Scritti di paleografia e diplomatica*, Padova 1969.

MAZZUCCO 1983 = G. MAZZUCCO, *Monasteri benedettini della laguna veneta*, Venezia 1983.

MOINE 2012 = C. MOINE, *Chiostri tra le acque. I monasteri femminili della laguna nord di Venezia nel basso medioevo*, Firenze 2012.

MOLIN 2008 = M. MOLIN, *Introduzione alla storia torcellana*, Cavallino-Treporti 2008, pp. 1-38 (Quaderni Torcellani, 1).

MOLIN 2010 = M. MOLIN, *La chiesa di Santa Caterina di Mazzorbo. Autentico gioiello lagunare*, 2010, pp. 1-95 (Quaderni Torcellani, 3).

MOLIN 2011 = M. MOLIN, *Santa Barbara di Nicomedia. Storia, leggenda e devozione dall'Oriente a Burano*, Cavallino-Treporti 2011, pp. 1-93 (Quaderni Torcellani, 5)

MORINI 1999 = E. MORINI, *Note di lipsanografia veneziana*, Spoleto 1999, pp. 225-230 (Bizantinistica, I)

MUSOLINO – NIERO – TRAMONTIN 1963 = G. MUSOLINO – A. NIERO – S. TRAMONTIN – *Santi e Beati veneziani. Quaranta profili*, Venezia 1963.

NIERO 1975 = A. NIERO, *Precisazioni d'archivio e iconografiche sulla "Pala d'oro di Torcello"*, «Arte Veneta» 29, 1975, pp. 88-92.

NIERO 1987 = A. NIERO, *Santi di Torcello e di Eraclea tra storia e leggenda* in *Le origini di Venezia*, Venezia 1987, pp. 31-76 (Contributi alla storia della chiesa Veneziana, 1)

ORSELLI 1984 = A.M. ORSELLI, *Tempo, città e simbolo fra Tardoantico e Alto Medioevo*, Ravenna 1984.

ORSELLI 2003 = A.M. ORSELLI, *Lo spazio dei santi* in *Uomo e spazio nell'alto Medioevo: settimane di studio del Centro Italiano di studi sull'alto Medioevo*, 50, Spoleto 2003, pp. 855-890.

PERTUSI 1962 = A. PERTUSI, *L'iscrizione torcellana dei tempi di Eraclio*, «Bollettino di Storia della Società e dello Stato Veneziano» (poi «Studi Veneziani») IV, 1962, pp. 9-40.

PIVA 1938 = V. PIVA, *Il patriarcato di Venezia e le sue origini*, Venezia 1938.

POLACCO 1984 = R. POLACCO, *La Cattedrale di Torcello*, Venezia-Treviso 1984.

SANTOSTEFANO 2007 = P. SANTOSTEFANO, *Arte e fede nelle isole treportine*, Cavallino-Treporti 2007.

SCORZA BARCELLONA 2005 = F. SCORZA BARCELLONA, *Le origini*, in *Storia della Santità nel Cristianesimo Occidentale*, Roma 2005, pp. 19-81 (Sacro/Santo, 9).

Tirelli 2011 = R. Tirelli, *Daniele D'Ungrispach. Meraviglia e mistero*, Cormons 2011.

Tramontin 1988 = S. Tramontin, *Problemi agiografici e profili di Santi* in *La chiesa di Venezia nei secoli XI-XII*, Venezia 1987, pp. 153-177 (Contributi alla storia della chiesa Veneziana, 2).

Tramontin 1993 = S. Tramontin, *Caorle e Torcello da diocesi a parrocchie* in *La chiesa di Venezia nel Settecento*, Venezia 1993, pp. 187-220 (Contributi alla storia della chiesa Veneziana, 6).

Tramontin *et alii* 1965 = S. Tramontin – A. Niero – G. Musolino – C. Candiani, *Culto dei Santi a Venezia*, Venezia 1965.

Vecchi 1983a = M. Vecchi, *Santa Fosca di Torcello: origini anteriori al Mille*, «AIV» CXLII, 1983-1984, pp. 37-50.

Vecchi 1983b = M. Vecchi, *Chiese e monasteri medievali scomparsi della laguna superiore di Venezia. Ricerche storico-archeologiche*, Roma 1983.

Abstract

The journey of the saints and their relics is a theme very interesting in the history of the lagoon of Venice and of the islands near Torcello. In a christian society as that of the lagoon, the cult of saints became part of city life of a people dedicated to businesses. During the centuries, the churches in the islands have been enriched by important relics, some real, others the result of inventions and legends; it is very difficult to separate history and legend. The relic of the saint is a fragment of eternity for man of a believer society. These devotions led to the creation of important works of art.

I VIAGGI DEI MARMI

Luigi Sperti

Roma esclusa, Venezia è forse la città italiana in cui la presenza di marmi antichi di reimpiego è più pervasiva. Presenza a volte immediatamente percepibile: nell'apparato trionfale di Piazza San Marco, nella citazione marciana dell'Arsenale, o ancora nei palazzi romanici superstiti, dove i capitelli bizantini inseriti nelle polifore del piano nobile sottolineano rango economico e aspirazioni sociali del committente; ma molto più spesso visibile soltanto a chi conosce forme e meccanismi di assimilazione del passato classico posti in essere sin dalla nascita della città: così dietro le lastre di rivestimento si leggono blocchi di marmi colorati di epoca romana; le patere scolpite inserite in edifici pubblici e privati, laici e religiosi, derivano da fusti di colonna tagliati in dischi; e gli stessi fusti di colonna in marmo, onnipresenti nelle architetture di prestigio dal Duecento all'Ottocento, sono spesso esemplari antichi, riadattati in altezza o nella forma del collarino.

Primato paradossale, per un centro privo di passato romano. Ma perfettamente comprensibile per una città che è stata, a partire almeno dall'XI secolo, e per molto tempo a seguire, la principale protagonista dell'espansione commerciale europea nel Mediterraneo orientale, e che ha saputo coniugare come nessun'altra da un lato esigenze particolari dei mercanti, favoriti da un sistema che comprendeva specifiche normative, forme di protezione dei convogli, accordi diplomatici e una rete capillarmente estesa di basi commerciali; e dall'altro l'interesse comune nelle sue diverse forme: tra le quali l'approvvigionamento di manufatti antichi, utilizzabili in chiave ideologica come *spolia*, o come semplice materiale da costruzione, dovette certamente occupare, nella scala delle priorità, una posizione preminente[1].

---

[1] La bibliografia sull'espansione commerciale veneziana è immensa, oltre che fuori dalle mie competenze: mi limito pertanto a segnalare, tra i contributi più recenti e/o importanti, *Storia di Venezia*,

Di questa infinita serie di viaggi verso la laguna rimangono testimonianze materiali nelle pietre che ancora oggi, nelle forme più diverse, concorrono all'arredo urbano della città; e in numero molto minore, ma comunque notevole, nelle sculture greche e romane provenienti dai più disparati luoghi frequentati dai Veneziani, destinate alle più importanti collezioni di antichità, che andarono formandosi, ad imitazione di quanto accadeva in altri centri italiani, a partire dagli ultimi decenni del Quattrocento. A fronte della ricchezza delle evidenze supersiti, i dati provenienti dalle fonti scritte sono molto scarsi e, salvo poche eccezioni, piuttosto poveri di informazioni. Il trasporto e il commercio di materiale lapideo e in generale di antichità nel corso del Medioevo e della prima età moderna è un fenomeno assai scarsamente documentato, e Venezia, da questo punto di vista, non fa eccezione: in confronto alla ricca documentazione concernente beni come sale, legname o spezie, ben poco sappiamo su un traffico che dipendeva almeno in parte dalla casualità dei rinvenimenti.

Non esiste resoconto sul rapporto dei Veneziani con le antichità classiche e bizantine che non ricordi le notizie, riportate da cronache anche precoci, riguardanti l'origine delle pietre utilizzate per la costruzione di San Marco. Tuttavia, non abbiamo certo bisogno di appoggiarci all'autorità delle fonti per sapere che Aquileia, o Ravenna, o Costantinopoli erano i luoghi in cui devoti *zentilomeni et populari*

---

il mare 1991; Hocquet 2006; e da ultimo *Rapporti mediterranei* 2017. Il tema *Venezia e l'antico* offre una bibliografia molto più circoscritta, ma è stato negli ultimi anni al centro di diverse iniziative e indagini, riguardanti sia singoli monumenti che aspetti più generali. Per una quadro complessivo sul reimpiego di antichità tra tardo Medioevo e primo Rinascimento: Sperti 1996 e Sperti c.s.; con un approccio orientato sulla basilica di San Marco: Greenhalgh 2009, pp. 421-439. In generale sulla scoperta della scultura antica a Venezia: Greenhalgh 1990. Sui principali monumenti dell'area marciana (cavalli, leone, Tetrarchi, cd. Todaro) vedi rispettivamente *I cavalli di San Marco* 1977, in particolare p. 27 ss.; *Il Leone di Venezia* 1990; *L'enigma dei Tetrarchi* 2013; Sperti 2015; sui cavalli anche Ghedini 1983 e Bodon 2005, p. 243 ss., con bibliografia precedente; sui Tetrarchi anche Niewöhner, Peschlow 2012. Sui leoni dell'Arsenale Sacconi 1991, p. 19 ss.; per alcuni casi di reimpieghi di statue e rilievi antichi in chiese e palazzi: Traversari 1991, Traversari 1994, Sperti 1997, Sperti 2004*b*. Il tema del reimpiego di capitelli romani e soprattutto bizantini è stato indagato a più riprese: per la basilica di San Marco: Deichmann 1981 e Sperti 2016; in chiese gotiche: Pilutti Namer 2008-2009 (Basilica dei Frari), Barsanti – Pilutti Namer 2009 (SS. Giovanni e Paolo); nel Fondaco dei Turchi: Pilutti Namer 2016, con particolare attenzione alla cultura del restauro e alle copie/imitazioni ottocentesche; in palazzi romanici: Barsanti 2002. Importanti anche per la storia del collezionismo di antichità, la tradizione antiquaria, i rapporti con la cultura artistica i Convegni *Venezia e l'archeologia* 1990, e *Venezia, l'archeologia e l'Europa* 1996; fondamentale per la storia del collezionismo di antichità Favaretto 2002. Ulteriore bibliografia sul collezionismo verrà indicata *infra*, nota 77 e ss. Un recente convegno sul reimpiego dei centri delle Tre Venezie si occupa anche di casi veneziani: *Riuso di monumenti* 2012, in particolare i contributi di L. Rebaudo, M. Pilutti Namer, L. Calvelli; il convegno *Pietre di Venezia* 2015 ha fatto il punto sia su diversi aspetti del reimpiego di scultura, scultura architettonica e materiali, soprattutto in contesti tardomedioevali, sia sul rapporto tra cultura artistica e tradizione antiquaria. Segnalo infine Fortini Brown 1996, fondamentale per un inquadramento ideologico e culturale del rapporto di Venezia con l'antico.

acquistavano, o in circostanze più fortunate prelevavano, i marmi necessari all'edificazione o agli apparati decorativi delle maggiori fabbriche cittadine[2]. Il più delle volte le fonti ci informano sulle provenienze; in qualche caso anche sull'edificio cui il materiale era destinato. Ma molto raramente offrono informazioni che ci indirizzino oltre il mero dato geografico, o lo scopo dell'importazione: quali erano le modalità di approvvigionamento del materiale; quanto e in quali modi capitani e mercanti erano al corrente dei principali siti, lungo le rotte del Mediterraneo orientale, in cui erano presenti rovine antiche; in che modo il governo della Serenissima interferiva con tali traffici, o indirizzava le scelte riguardo, ad esempio, tipologie architettoniche o varietà di marmo; in poche parole, qual era l'attitudine dei Veneziani verso le pietre antiche, e in quali forme e secondo quali direttive ne era organizzata, o almeno favorita, la traslazione in laguna.

Molti di questi interrogativi sono destinati a rimanere senza risposta. Vi è tuttavia qualche documento inusualmente circostanziato, che si distacca per ricchezza di potenziali indizi dal piatto panorama delle testimonianze analoghe. Poiché tali documenti ci consentono di guardare al fenomeno da una prospettiva molto differente, e per certi aspetti storicamente più interessante, rispetto a quella offerta dall'analisi dell'esito concreto di tali traffici - vale a dire, dai bronzi e dalle statue usati come simboli cittadini, e dalle miriade di pietre sparse per la città - mi pare opportuno iniziare questo resoconto esaminando da vicino le testimonianze scritte.

1. La voce delle fonti

Il documento a mio parere più eloquente sui 'viaggi dei marmi' è un dispaccio del 3 marzo 1309 inviato dal Collegio della Repubblica a Gabriele Dandolo, un patrizio discendente del doge Enrico - il protagonista della Quarta Crociata - che visse tra la seconda metà del Duecento e gli inizi del secolo successivo. Tra la primavera e l'autunno del 1309 il Dandolo era capitano delle galere di Romània in un frangente politico delicato, quando una alleanza eterogenea mirava a ricreare l'Impero Latino d'Oriente, e al contempo si combatteva contro la pirateria che aveva base a Rodi (passata l'anno precedente sotto il controllo dei Cavalieri di San Giovanni) spesso rivolta contro i commerci e i traffici marittimi veneziani. L'attività svolta dal Dandolo fu assai varia, e andava dalla vendita di un vascello catturato dagli uomini della base di

---

[2] Riferimento d'obbligo è la quattrocentesca *Cronica Anonima* riferito alla ricostruzione contariniana di San Marco, e dunque all'ultimo terzo dell'XI secolo, in cui si riporta che «...molti zentilomeni et populari mandono a tuor marmori in Aquilegia et a Ravenna, et molti mandono a Costantinopoli»: vedi CECCHETTI 1886, p. 210, nr. 812; per testimonianze di analogo tenore relative alla fabbrica marciana vedi CECCHETTI 1886, p. 11, nr. 87 e anche p. 211, nr. 823. In generale sulle fonti relative all'importazione e utilizzo di materiale lapideo: SPERTI 1996, p. 122 ss.; FORTINI BROWN 1996, p. 29 e *passim*; GREENHALGH 2009, p. 435 s.; PILUTTI NAMER 2012, p. 177 ss.; PENSABENE 2015, p. 24 ss.

Corone, in Peloponneso, alla organizzazione dei trasporti per il rimpatrio del duca di Candia uscente. Il Collegio, venuto a conoscenza della disponibilità di materiale pregiato «...in insula micholarum, et eciam in aliis insulis Romanie...» chiede al Dandolo di procurare marmi, e in particolare fusti di colonne, da destinare alla basilica di San Marco; si specifica inoltre che andavano ricercati marmi bianchi, marmi venati di verde e porfidi («...de ipsis marmoribus qui essent in astis vel clapis astarum et mediis columnis albis vergatis viridis porfiis et cuiuscumque condictionis...»). Per facilitare il trasporto il Collegio suggerisce infine di utilizzare i marmi «...per modum savorne...», a mo' di zavorra[3].

Essendo notevoli le implicazioni in ordine ad aspetti come la localizzazione delle fonti di approvigionamento, l'organizzazione del trasporto, la gestione delle informazioni da parte degli organi di governo, il rapporti funzionali con i progetti monumentali nel centro del potere, vale pena di esaminare in breve i principali punti.

1) La lettera è un documento ufficiale che si basa su notizie particolareggiate ricevute dal Collegio («...ad nostrum auditum pervenerit...») riguardanti non solo la locazione delle rovine classiche lungo le principali rotte marittime, ma anche la tipologia e la varietà dei marmi. Dietro le precise richieste avanzate dagli organi di governo della Serenissima si legge in filigrana un efficiente sistema di scambio di informazioni tra il centro del potere e i capitani delle navi, mercantili o militari, che incrociavano l'Egeo. Il fatto che tali notizie fossero registrate e utilizzate da organi di rilevanza istituzionale certo non secondaria – com'è il caso del Collegio – sottolinea la dimensione 'pubblica' del commercio/importazione in laguna di *lapides*.

2) Il documento apre un orizzonte geografico inedito. In luogo dell'abusato rimando a Costantinopoli, compare qui per la prima volta un riferimento a isole dell'Egeo: Mykonos (*insula micholarum*) citata per prima tra le isole isole della Romània. Trovo sorprendente la preminenza accordata all'isola delle Cicladi, che

---

[3] «Gabrieli dandulo capitaneo galearum nostrarum. - Cum ecclesia nostra sancti Marci indigeat marmoribus cuiuscumque pulcre condicionis, et ad nostrum auditum pervenerit, quod in insula micholarum, et eciam alii insulae romanie, sint et reperiantur pulcherima marmora, et cuiuscumque condictionis et coloris prudenciam vestram rogamus, per nos et nostrum consilium precipiendo mandantes, quatenus com eritis in dictis partibus micholarum, et aliarum insularum in quibus dicitur quod talia marmora reperiuntur quod inquiri faciatis in omne parte, de ipsis marmoribus qui essent in astis vel clapis astarum et mediis columnis albis vergatis viridis porfis et cuiuscumque condictionis, et si reperientur de pulchris de eis accipi faciatis, et poni in nostris galeis, per modum savorne, non agrevando propterea ipsas galeas, nec propterea facta nostri comunis vobis comissa, dimittendo in preiudicium negotiorum ipsorum et nos illis qui propterea se fatigarent, faciemus satisfieri, per procuratores sancti marci sicut erit conveniens atque iustum».

Vedi CECCHETTI 1886, p. XII, p. 13 nr. 99; THIRIET 1966, I, p. 122 s., nr. 164; SPERTI 1996, p. 122 s.; FORTINI BROWN 1996, p. 29. Su Gabriele Dandolo: KNAPTON 1986. Sui rapporti di Venezia con la Romània: THIRIET 1959 e diversi contributi dello stesso autore raccolti in THIRIET 1977.

non è certo nota per l'abbondanza di rovine di età greca e romana: ma evidentemente all'epoca la situazione era diversa rispetto all'attuale[4].

L'accenno ai marmi rinvenibili a Mykonos e nelle altre isole della Romània ci mette di fronte agli occhi il quadro di un Mediterraneo costellato di siti in abbandono, dove non occorreva scavare per trovare colonne e marmi antichi. Circa un secolo dopo i viaggi del Dandolo il fiorentino Cristoforo Buondelmonti, una figura di importanza fondamentale per la storia della ricoperta umanistica dei testi antichi e della Grecia, inizia una serie di peregrinazioni tra le isole dello Ionio e dell'Egeo di cui rimane testimonianza in una *Descriptio insule Crete* del 1417, e soprattutto tre anni dopo nel *Liber insularum arcipelagi*, in cui, oltre a descrivere grandi centri come Costantinopoli, lascia un resoconto, tra maggiori e minori, su più di 60 isole[5]. Il *Liber* del Buondelmonti è il primo esempio rinascimentale di isolario; ebbe nel tempo diverse redazioni, accompagnate da mappe accurate. Delle isole visitate dal Buondelmonti, più della metà portano indicazioni di resti antichi, segnalati nell'apparato illustrativo a seconda della tipologia delle rovine con simboli diversi: colonne crollate a terra, quali appaiono in una pianta di Corfù che fa parte di un codice del *Liber* appartenuto a Pio II Piccolomini conservato nella Biblioteca Marciana di Venezia (*fig. 1*); o, dallo stesso codice, rappresentazione più elaborate (*fig. 2*), come le rovine circolari – quasi una sorta di anfiteatro – che suggeriscono nei pressi dello stretto dei Dardanelli una immaginaria localizzazione di Troia[6]. Analoghi tentativi ermeneutici ricorrono anche nel testo, quando l'autore non solo registra l'esistenza di rovine, ma propone talora interpretazioni personali, tentando di combinare le notizie offerte dai testi antichi con l'evidenza archeologica: così a Creta i resti colossali di un edificio posto sulle pendici di un monte non possono essere che un «...templum Iovis usque ad fundamenta deletum...», al cui interno si trovavano «...infinitas ymagines seriatimque moles...» di dimensioni tali da non credere fossero opera umana[7].

Creta fu veneziana per più di quattro secoli, dalla spartizione dell'Impero bizantino in seguito alla IV Crociata sino allo sbarco ottomano del 1645 e la successiva caduta di Candia nel 1669: tra le isole dell'Egeo, sarà nel corso del Quattrocento e del Cinquecento uno dei luoghi di approvvigionamento privilegiati, sia per materiale architettonico che per sculture destinate al collezionismo, come dimostra la vicenda del mercante Giovanni Gradenigo, narrata in una lettera del 27 aprile 1433

---

[4] Peraltro l'isola non è stata oggetto di scavi sistematici: una sintesi dell'archeologia di Mykonos in BONACASA 1963.

[5] Cfr. BUONDELMONTI 2005; sulla Creta del Buondelmonti vedi anche BUONDELMONTI 1981. In generale inoltre BESCHI 1986, p. 316 ss.; FORTINI BROWN 1996, p. 77 ss.

[6] Venezia, Biblioteca Nazionale Marciana, Cod. Lat. XIV 45 (4595), fol. 5, fol. 43 *v*.: cfr. FORTINI BROWN 1996, figg. 79, 80.

[7] BUONDELMONTI 1981, p. 155 s.

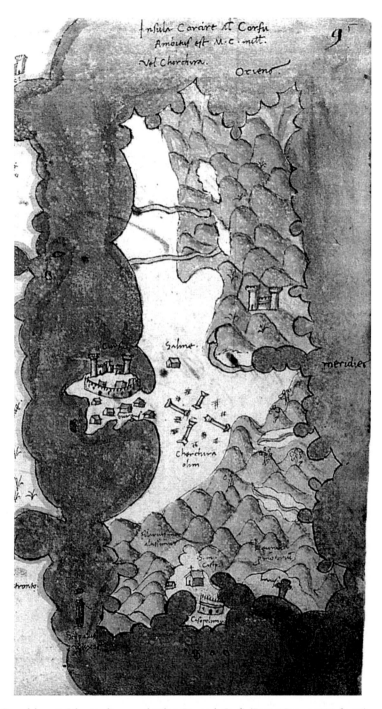

Fig. 1 – C. Buondelmonti, *Liber insularum archipelagi*. Pianta di Corfù (Fortini Brown 1996, fig. 79).

Fig. 2 – C. Buondelmonti, *Liber insularum archipelagi*. Pianta dei Dardanelli e dell'isola di Tenedo (Fortini Brown 1996, fig. 80).

inviata dal Consiglio a Marco Giustinian, allora Duca di Candia. Il Gradenigo stava provvedendo ad un trasporto di legname a Candia, quando gli fu ingiunto di recarsi a Hierapetra, nella costa sud-orientale dell'isola, per procurare fusti di colonne e basi da destinarsi a Venezia. La nave tuttavia era troppo leggera per il carico: una tempesta la spinse sino ad Alessandria, dove il Gradenigo si procurò a proprie spese una nave più adatta, vi trasbordò il carico e fece vela per Venezia. Il documento rende nota al Giustinian la decisione da parte del Consiglio di rimborsare il mercante[8]. La disavventura del Gradenigo si colloca tra i viaggi cretesi del Buondelmonti, e la visita, di qualche decennio posteriore, di Ciriaco d'Ancona[9], e rappresenta una precoce testimonianza dell'interesse da parte dei Veneziani per le antichità dell'isola. Hierapetra costituiva una fonte ideale di *spolia* sia per la posizione sul mare che per la ricchezza di rovine[10]: il Buondelmonti, che la toccò all'inizio del suo periplo cretese, vi aveva registrato «templa immensa» e «sparsa ydolorum busta»[11]. Da Hierapetra, come vedremo in seguito, giunsero a Venezia nel corso del Cinquecento iscrizioni, elementi architettonici e statue destinate al mercato collezionistico: qualche pezzo si conserva tuttora al Museo Archeologico[12].

Il documento non indica a quale monumento il carico fosse destinato; tuttavia il carattere ufficiale della comunicazione ci induce a credere che le colonne fossero destinate ad un edificio di interesse pubblico. Tra il 1422 e il 1438 venne ricostruita l'ala occidentale del Palazzo Ducale: è possibile pertanto che i marmi trasportati da Gradenigo fossero destinati alla residenza del doge, nella forma originaria, o trasformati in lastre di rivestimento. Il ricorso a marmi di origine cretese per la costruzione del Palazzo Ducale non rimarrebbe peraltro episodio isolato. A seguito dell'incendio del 1574, il Collegio incarica il Provveditor generale di Candia Giacomo Foscarini a procurare «...un buon numero di colonne et altri marmi...» poiché si era saputo che «...nel loco della Messarea et altri luoghi di quell'isola nostra ritrovarsi di belissime colonne di meschi et altre sorti...»[13] Anche in questo caso, come 250 anni prima, alla base della richiesta avanzata dal Collegio vi è una circostanziata informazione sulla disponibilità di rovine. Il «loco della Messarea», l'odierna pianura della Messarà, va identificato con Gortyna, dove il Buondelmonti aveva registrato numerosissime statue e 1500 (*sic*) colonne: certo un'iperbole, ma indicativa di una abbondanza di rovine che a più riprese nel corso del Cinquecento

---

[8] Archivio di Stato di Venezia, *Archivio del Duca di Candia*, quad. 17, *f*. 34 *v*.: cfr. THIRIET 1966, II, p. 164, nr. 1340. Per quanto segue cfr. SPERTI 1996, p. 123.

[9] Su Buondelmonti e Ciriaco d'Ancona a Creta: BESCHI 1984, p. 19 ss.; più in generale sui viaggi di Ciriaco vedi vari contributi in *Ciriaco d'Ancona e il suo tempo* 2002, p. 101 ss.; ulteriore bibliografia in BODON 2005, p.164 e nota 29.

[10] Per una breve sintesi sull'archeologia di *Hierapytna/Hierapetra* vedi TSIPOPOULOU 1995.

[11] BUONDELMONTI 1981, p. 105.

[12] *Infra*, p. 89.

[13] Per tutta la vicenda: TSIKNAKES 1990-91; SPERTI 1996, p. 123.

aveva sollecitato l'interesse dei Veneziani, e di cui rimangono a tutt'oggi notevoli testimonianze[14].

3) Il Collegio indirizza il Dandolo a Mykonos perchè vi può trovare fusti di colonne e marmi diversi bianchi, venati di verde, e porfidi. Mentre l'ingiunzione a procurarsi colonne ricorre in altri documenti ufficiali di contenuto analogo – come lettera del 1433 qui sopra ricordata – il riferimento alla varietà dei marmi rimane, per quanto mi è noto, un *unicum*. I marmi «venati di verde» rimandano con ogni probabilità, nella terminologia tardomedioevale, al cipollino verde o *marmor carystium*, una varietà caratterizzata da sottili venature di colore verde più o meno intenso estratta a Karystos e dintorni in Eubea (Grecia), e largamente utilizzata, soprattutto per fusti di colonna, forse già agli inizi del I secolo a.C.[15] Il Collegio richiede sia fusti integri che frammenti, probabilmente utilizzati per ricavare lastre o *rotae*. A San Marco vi sono numerosi fusti di colonna in cipollino (alcuni con croci incise), sia nelle facciate che all'interno, diversi brani di rivestimenti parietali, e lastre pavimentali nel nartece[16]; si tratta tuttavia di un marmo molto diffuso in vari edifici veneziani – soprattutto in chiese – impiegato sia per fusti di colonne che ridotto in lastre. L'indicazione di specifiche varietà di pietre risponde evidentemente a specifiche esigenze manifestate al Collegio: il riferimento, in chiusura, ai *procuratores sancti marci* – istituzione tuttora esistente, preposta alla cura e alla conservazione della basilica marciana – non lascia dubbi sulla origine della richiesta.

4) La lettera dimostra che l'importazione di marmi poteva essere dettata da necessità contingenti. Si tocca qui un punto spesso discusso da storici dell'arte e dell'architettura a proposito dell'atteggiamento dei Veneziani verso gli *spolia* romani e bizantini: vale a dire quale fosse il grado di intenzionalità di un reimpiego. Qualche anno fa è stato pubblicata una raccolta di contributi sui rapporti tra San Marco e Bisanzio[17]: uno dei punti di discussione più importanti riguardava l'ipotesi di un progetto più o meno unitario cui ricondurre i vari interventi sull'apparato marmoreo della basilica. L'abbellimento duecentesco della principale chiesa di Stato fu la conseguenza di un disegno articolato, o le varie addizioni cui fu sottoposta furono frutto di interventi estemporanei, il risultato casuale di atti individuali di devozione o di razzie dettate dall'occasione? La maggior parte degli studiosi che si sono occupati del problema concordano sul fatto che la decorazione marmorea della basilica fu la conseguenza di un progetto, o meglio di più progetti che si sono succeduti nel tempo, in qualche caso in conflitto tra loro. Un

---

[14] Sull'archeologia di Gortyna: DI VITA 1994.

[15] LAZZARINI 2002, p. 257 s.; PENSABENE 2013, p. 295. Sull'interpretazione simbolica del cipollino come legno della santa Croce: LAZZARINI 1997, p. 311.

[16] LAZZARINI 1997, p. 317 ss.; MINGUZZI 2000, p. 41 e *passim*; LAZZARINI 2002, p. 257; per uno schema delle varietà di marmo presenti a San Marco: DA VILLA URBANI 2000, p. 172 ss.

[17] *San Marco, Byzantium and the myths of Venice* 2010.

progetto di questo tipo implica che il trasporto della enorme quantità di materiale necessario per abbellire i prospetti esterni e interni di una chiesa delle dimensioni di San Marco sia pianificato con cura: che i pezzi siano individuati, sottratti al contesto originario, e imbarcati.

Ovviamente San Marco fa caso a sé. Ma possiamo chiederci se un'analoga propensione al progetto valesse anche per edifici meno importanti: chiese, palazzi, semplici abitazioni, singoli monumenti. Per una città priva di un passato, l'acquisizione di antichità doveva necessariamente seguire modalità e criteri diversi rispetto a centri in cui le rovine antiche erano disponibili *in loco*. A Roma ad esempio, a partire dal III secolo, e più decisamente dall'età di Costantino in poi, era prassi usuale accumulare *stocks* di materiale architettonico proveniente da edifici in rovina, indipendentemente da iniziative monumentali specifiche o da necessità immediate[18]. È probabile che ciò accadesse in altre città italiane, dove l'acquisizione di *spolia* romani non costituiva un problema. Ma poiché a Venezia tale possibilità non si dava, possiamo ipotizzare che, posta di fronte alla necessità di acquisire marmi antichi, il tasso di intenzionalità, o se si preferisce di 'progettualità', dovesse essere maggiore rispetto a quelle città che disponevano di abbondanti risorse *in loco*[19].

5) Inusuale l'accenno all'impiego di marmi antichi come zavorra, e la conseguente raccomandazione a non sovraccaricare le navi («...non agrevando propterea ipsas galeas...»). La merce normalmente utilizzata come zavorra nelle navi veneziane era il sale[20].

Le lettere a Gabriele Dandolo, Marco Giustinian e Giacomo Foscarini sono documenti ufficiali: si tratta in tutti e tre i casi di comunicazioni da parte di un organo della Repubblica ad un capitano della flotta, o al maggior rappresentante della Serenissima a Creta, vòlte ad ottenere materiale lapideo da destinarsi a iniziative monumentali pubbliche. Ad un àmbito differente rimanda invece un contratto stipulato il 22 giugno 1291 tra due mercanti veneziani da un notaio a Corone, in Peloponneso, che prevedeva un prestito di 200 *hyperpyra* (la moneta che nell'Impero Bizantino sostituì il solido dalla fine dell'XI secolo), da rifondersi non in denaro ma in beni, nella fattispecie in 1.500 libbre di cera la cui consegna in Corone stessa era pattuita entro settembre dello stesso anno. Come pegno per il prestito il mutuatario, Giovanni Trevisan, offre 39 «columpnas marmoreas», 4 colonne di tipo diverso e altri elementi architettonici non facilmente identificabili. L'accordo prevedeva che alla scadenza del mutuo, in caso di insolvenza, i marmi fossero trasportati dal prestatore a Venezia, dove potevano essere venduti ad altri mercanti in modo da recuperare la somma prestata[21].

[18] PENSABENE 2013, pp. 103 s., 138 ss.
[19] Vedi su questo punto anche FORTINI BROWN 1996, p. 16; SPERTI c.s.
[20] HOCQUET 2017, p. 56.
[21] LOMBARDO 1951, p. 42 s., nr. 55; LAIOU 1982, p. 15 s.; FORTINI BROWN 1996, p. 59.

Si tratta quindi dell'offerta di antichità a garanzia di un prestito: notevole anticipazione di una prassi in auge nel mondo collezionistico sino al Novecento[22], il documento apre una finestra sull'importazione e il commercio di antichità da parte di privati, un fenomeno sul quale sappiamo poco o nulla, ma che dovette avere un ruolo non secondario nella storia del reimpiego veneziano. È facile immaginare che famiglie di mercanti trasportassero per proprio conto *spolia* da utilizzare in edifici di proprietà, o da vendere: le sculture greche, romane, bizantine e ottomane che nel

Fig. 3 – Venezia, basilica dei SS. Giovanni e Paolo. Navata centrale, pilastro polistilo con capitelli bizantini (foto dell'Autore).

Campo dei Mori e nell'adiacente palazzo 'del Cammello' compongono una sorta di celebrazione della mercatura furono verosimilmente trasportate in laguna dalla famiglia (o dalle famiglie) proprietarie del complesso[23]. Ma non sappiamo se l'importazione di marmi da parte di soggetti privati mantenesse il carattere di occasionalità, o se ne fosse invece consentito il commercio in una scala maggiore, con la vendita ad esempio di interi *stocks* di elementi architettonici. Ciò che possiamo dire con sicurezza, è che in qualche caso soggetti privati o ordini religiosi potevano avere accesso a materiali di pregio destinati a contesti pubblici prestigiosi. È il caso della basilica di San Giovanni e Paolo, dove a metà della navata principale sono reimpiegati sei capitelli bizantini ad imposta (*fig. 3*), tre per lato, forniti di un apparato decorativo molto elaborato che ha permesso di ipotizzare con grande verosimiglianza l'origine dei pezzi: San Polieucto, la chiesa di Costantinopoli sistematicamente spogliata dai Veneziani, dalla quale anche provengono i cosiddetti 'pilastri acritani' collocati nel corso del Duecento di fronte alla facciata meridionale di San Marco[24]. Un caso analogo è costituito dai capitelli compositi reimpiegati nella polifora del piano nobile di Ca' Loredan Corner Piscopia, che trovano perfetta corrispondenza per misure stile e tipologia dell'ornato con quattro esemplari di manifattura costantinopolitana, databili tra la fine del V secolo d.C. e gli inizi del successivo, riutilizzati nel prospetto settentrionale della basilica marciana: molto probabilmente entrambi i gruppi facevano parte di uno stesso *stock* di materiale

---

[22] Noto il caso della collezione Ludovisi: HASKELL – PENNY 1981, p. 71.

[23] *Infra*, p. 76.

[24] BARSANTI – PILUTTI NAMER 2009.

ricavato da un ignoto edificio sul Bosforo[25]. Pur nelle differenze di rango – da un lato uno dei tanti palazzi privati, per quanto eretto sul Canal Grande a pochi passi da Rialto; dall'altro la chiesa madre del potentissimo ordine domenicano – i due casi posso essere letti in parallelo: sia il committente del palazzo che quelli della basilica ebbero accesso a materiale di particolare valore, utilizzato nel monumento più importante della città. Era lo Stato stesso a vendere occasionalmente ad altri soggetti marmi provenienti dalla capitale orientale? O l'importazione di materiale architettonico costantinopolitano non era soggetta ad un monopolio così stretto, e vi era spazio per iniziative private? Comunque stessero le cose, questi anomali reimpieghi testimoniano come in alcuni casi la fornitura di *spolia* in monumenti di Stato, edifici religiosi e dimore private poteva seguire gli stessi canali[26].

2. Spolia *pubblici e privati*

Nella maggior parte dei casi quanto sappiamo dei viaggi delle statue e dei marmi antichi lo racconta l'oggetto stesso: l'origine di una anonima scultura reimpiegata in una abitazione privata, oppure di una icona della Venezia medievale quale è il leone in bronzo della Piazzetta, può essere dedotta dallo stile e dalla tipologia. Nulla ci è noto dei loro viaggi, ma possiamo ipotizzare da dove provengono sulla base di indizi 'interni'. Su altri monumenti sono le fonti scritte a ragguagliarci: è il caso dei cavalli di San Marco, la cui provenienza dall'ippodromo di Costantinopoli – peraltro non priva di aspetti problematici – è attestata sin dal XV secolo[27]. In altri casi ancora, un fortunato ritrovamento archeologico può fornire un dato decisivo sull'originaria collocazione di uno *spolium*: nell'autunno del 1965 la scoperta, nel corso degli scavi del *Myrelaion* ad Istanbul, di un segmento della base del gruppo 'A' dei Tetrarchi, completa del piede mancante, confermò l'ipotesi della provenienza costantinopolitana del monumento, avanzata su basi storiche sin dalla metà dell'Ottocento[28].

Tuttavia la massa del materiale lapideo antico reimpiegato nelle architetture veneziane (colonne, capitelli e lastre di rivestimento ovviamente, ma anche statue e rilievi inseriti in chiese e palazzi) rimane, dal punto di vista che ci interessa, muta. A meno che non sia il contesto stesso – come accade ad esempio per la basilica di San Marco – a suggerirci quali furono le rotte che i marmi percorsero prima di giungere in laguna, le nostre conoscenze sulla origine delle 'pietre di Venezia' sono

---

[25] BARSANTI 2002, p. 63 s.

[26] Su questo punto un accenno in LAZZARINI 1997, p. 313 s.

[27] VLAD BORRELLI – GUIDI TONIATO 1977, p. 137 ss.

[28] Da ultimo EFFENBERGER 2013, p. 50 s. Sulla vicenda del ritrovamento del piede da parte di Rudolf Naumann vedi la testimonianza della figlia: NAUMANN-STECKNER 2013.

Fig. 4 – Venezia, Piazzetta San Marco. Veduta dal bacino (foto Böhm, Venezia).

il più delle volte molto limitate, e comunque spesso ampiamente ipotetiche. Ciò è vero anche per monumenti di tale rilevanza, che ci si aspetterebbe avessero avuto nel corso dei secoli maggiore attenzione da parte di storici e cronachisti.

Un caso esemplare è quel singolare complesso monumentale composto in gran parte di materiale antico costituito dalle colonne di Marco e Todaro in Piazzetta San Marco (*fig. 4*). Le fonti che lo riguardano sono circostanziate ma problematiche, a iniziare dalla notizia che ne pone l'erezione nel 1172, nel corso del dogado di Sebastiano Ziani. Per una serie di considerazioni che sarebbe lungo riassumere, è più probabile che la decisione di dedicare una coppia di colonne sormontate da statue alla più importante porta a mare di Venezia – utilizzando un modello ben attestato in Italia già in età romana, ma ispirato a monumenti costantinopolitani – sia stata posta in atto più tardi, intorno alla metà del Duecento[29]. Per quanto il leone bronzeo e la statua composita del Todaro abbiano monopolizzato per ovvie ragioni l'attenzione degli studiosi, l'elemento fondamentale del complesso è costituito dalla coppia di fusti colossali in granito, alti 40 piedi romani (circa m 11,80),

---

[29] Per tutta la questione TIGLER 1999-2000; vedi anche PENSABENE 2015, p. 40 s.; SPERTI 2015, p. 175 ss.

quello orientale in granito violetto della Troade, nell'odierna Turchia, detto anche *marmor troadense*; l'altro in granito rosso di Assuan, o Sienite[30]. Le dimensioni inusitate dei monoliti e il silenzio delle fonti hanno sollecitato diverse e più o meno fantasiose ipotesi sulla provenienza: tra le meno improbabili Costantinopoli, in base al fatto che il materiale della colonna di Marco, il granito della Troade, si estrae in una località non lontana dalla capitale bizantina[31]. A questo proposito però va subito sgombrato il campo da un equivoco persistente: il materiale utilizzato non dà alcuna indicazione sulla provenienza del manufatto. In età romana il commercio del marmo era così sviluppato, la rete di distribuzione così capillare, che qualsiasi varietà di pietra pregiata da costruzione – marmi bianchi e colorati, graniti, porfidi – poteva trovarsi in qualsiasi centro dell'Impero.

Al di là delle suggestioni storiche, che in mancanza di dati concreti lasciano il tempo che trovano, un indizio non trascurabile sulla origine della colonna di Marco proviene dall'archeologia. Le cave di granito troadense costituiscono uno dei casi meglio conservati dei processi di estrazione, fabbricazione e trasporto di fusti monolitici colossali di età imperiale. In località Yedi Taşlar, presso il villaggio di Koçali nel distretto di Çanakkale, si trovano almeno sette esemplari di 40 piedi (*fig. 5*), pronti per essere trasportate nel centro di smistamento della vicina *Alexandria Troas,* che presentano altezza e diametro all'imoscapo molto vicini al fusto del monumento veneziano[32]. Nel porto antico di *Alexandria*, abbastanza ben conservato nonostante le spoliazioni, rimangono ancora numerosi fusti di colonna destinati all'imbarco, tra cui uno delle stesse dimensioni dei precedenti[33]. Secondo una pratica ampiamente diffusa in età romana nella produzione di fusti di colonna monolitici, tutti gli esemplari in questione presentano all'imoscapo una sorta di collare aggettante dal profilo squadrato, alto 20-25 cm, che ha la funzione di proteggere il bordo inferiore durante le delicate operazioni di trasporto dalla cava al porto di imbarco, e da questo a destinazione[34]. Un collare analogo si trova nella colonna di Marco (*fig. 6*): poiché questa fascia protettiva veniva rimossa, o sensibilmente ridotta e modificata, in occasione dell'utilizzo, ciò significa che probabilmente il

---

[30] Sul marmo troadense LAZZARINI 1987, p. 162 e carta di distribuzione in fig. 24; PONTI 1995; LAZZARINI 2002, p. 246; PENSABENE 2013, p. 398 ss. Sulla Sienite: LAZZARINI 1987, p. 158; LAZZARINI 2002, p. 228 s.; PENSABENE 2013, p. 254 ss.

[31] Sul problema della provenienza: TIGLER 1999-2000, p. 1; SPERTI 2015, p. 176. Per quanto segue SPERTI – ZINATO c.s.

[32] Fusti di Yedi Taşlar: h m 11,50, diam. inferiore m 1,60/1,66 (PONTI 1995, p. 294 ss.; PONTI 2002, p. 291; PENSABENE 2013, fig. 8.45); fusto della colonna di Marco: h m 11,89 circa, diam. inferiore m 1,69.

[33] PONTI 1995, p. 312 ss., figg. 24-25; PENSABENE 2013, p. 398.

[34] PONTI 1995, pp. 313; PONTI 2002, p. 295. L'uso di un collare posto a protezione dell'imoscapo è pratica comune nella produzione di fusti monolitici: vedi ad esempio PENSABENE 2013, fig. 10 (Turchia, Afyon, marmo docimeno), fig. 11 (Egitto, granito del mons Claudianus).

Fig. 5 – Turchia, Yedi Taşlar (Koçali, distretto di Çanakkale). Cava di granito della Troade (Lazzarini 2002, fig. 10).

fusto veneziano non è stato mai utilizzato in una colonna, ma che proviene da una cava, o da un porto dove era in attesa di imbarco, o ancora da un luogo (un porto? un deposito?) dove, una volta giunto a destinazione, si trovava in attesa di impiego. Possiamo ipotizzare che provenga dal porto di *Alexandria Troas* stessa, nella costa della Troade di fronte all'isola di Tenedo ad una ventina di miglia dall'ingresso ai Dardanelli, lungo una rotta che le navi veneziane percorrevano da sempre. Rimane naturalmente da immaginare in quale modo un manufatto il cui peso si può calcolare in più di 60 tonnellate sia stato imbarcato e trasportato sino a Venezia: ma contrariamente a quanto sappiamo sui trasporti via mare e sulle *naves lapidariae* di età romana – conosciuti soprattutto grazie ad una notevole serie di carichi di marmi naufragati[35] – sui trasporti veneziani di materiale architettonico per quanto mi è noto si sa poco o nulla.

Dalle coste del Mediterraneo orientale giunse probabilmente anche l'enigmatico leone alato che occupa la sommità della colonna (*fig. 7*). Le cronache lo menzionano alla fine del Duecento in quanto bisognoso di restauri: non una parola però

---

[35] Una sintesi con bibliografia aggiornata in PENSABENE 2013, p. 147 ss.

Fig. 6 – Venezia, Piazzetta San Marco. Colonna di Marco, imoscapo (foto dell'Autore).

sulla data in cui fu collocato nella posizione che tuttora occupa, né tantomeno sulla provenienza[36]. Qualche studioso ha sostenuto che il bronzo si trovava in città prima del 1204, in quanto non viene ricordato a proposito del bottino della Quarta Crociata, il che sarebbe anomalo per una statua tanto importante e di tali dimensioni (4,40 m in lunghezza, coda compresa): ma è inutile sottolineare l'arbitrarietà degli argomenti *ex silentio*. Alla mancanza di convincenti confronti stilistici, oltre che di dati documentari, si deve il ventaglio incredibilmente ampio di ipotesi, spesso del tutto gratuite, su luogo di origine e datazione del monumento: si sono chiamate in causa tra l'altro l'arte assira, indiana, cinese, greca, etrusca, sasanide, e proposto uno spettro cronologico che, a seconda della variante geografica, va dalla protostoria vicino-orientale al tardo Medioevo, nostrano o esotico.

Un importante restauro iniziato nel 1985 ha consentito di rivelare una sequenza di almeno cinque interventi, il primo forse in età tardoantica, l'ultimo nella seconda metà dell'Ottocento. Come spesso accade, il restauro ha fornito l'occasione di riconsiderare il bronzo anche sotto il profilo stilistico e iconografico. L'aspetto più problematico – ma anche il più indicativo riguardo alla provenienza – è il contrasto tra il corpo, che secondo i canoni dell'arte greca mostra uno stile piuttosto natura-

---

[36] Per quanto segue: *Il leone di Venezia* 1990.

listico, e quello del muso (*fig. 8*), molto
stilizzato, con la criniera a lunghi riccioli
a raggiera, i baffi, la bocca innaturalmen-
te dilatata, le orecchie umanizzate: tutte
caratteristiche che trovano confronti,
peraltro non puntualissimi, con figure
di leoni del mondo orientale, nella Per-
sia o nell'impero assiro. La giustapposi-
zione eclettica di caratteristiche formali
greche e orientali indica una provenienza da un'area in cui coesistevano le due
tradizioni artistiche: si è proposto dalla

Fig. 7 – Venezia, Piazzetta San Marco. Leone di San Marco (*Il leone di Venezia* 1990, fig. 72).

Cilicia, stato vassallo dell'impero persia-
no conquistata da Alessandro Magno,
all'estremità orientale del Mediterraneo.
La capitale della regione era Tarso, posta
nei pressi di uno dei terminali mediterranei della via della seta, e che per ovvie
ragioni commerciali era molto frequentata dai mercanti veneziani fin dagli inizi
del Mille. Nell'antichità a Tarso era venerato Sandon, divinità ittita della guerra e della forza fisica, che compare sulla
monetazione locale ritto sulla groppa di
un grifo-leone alato e munito di corna: è
probabile dunque che il bronzo marciano facesse parte in origine di un gruppo
cultuale eretto a una divinità di cui un
leone munito di corna e ali era attribuito
e al contempo supporto. Ciò che vedia-

Fig. 8 – Venezia, Piazzetta San Marco. Leone di San Marco, particolare (*Il leone di Venezia* 1990, fig. 61).

mo oggi è il risultato di una serie di interventi che ebbero inizio probabilmente
in età paleocristiana con l'abbattimento del gruppo bronzeo e l'asportazione di ali
e corna, trasformando il grifo-leone in un leone; caduto in mano ai Veneziani, il
bronzo fu quindi tramutato nel simbolo di San Marco con l'aggiunta di nuove ali.

Il talento dei Veneziani per assemblaggi monumentali si manifesta in un altro
simbolo cittadino, la statua del santo bizantino Teodoro (*fig. 9*) che fa da *pendant* al
leone sulla colonna occidentale del molo[37]. La scultura che oggi si vede è una copia

---

[37] Per quanto segue: SPERTI 2015.

Fig. 9 – Venezia, Piazzetta San Marco. Statua del Todaro prima del ricovero in Palazzo Ducale (Sperti 2015, fig. 2).

in calcare eseguita nel 1948; l'originale è da decenni sacrificato in un angolo sotto il portico del Cortiletto dei Senatori a Palazzo Ducale: mi auguro che l'intervento di restauro concluso di recente offra l'occasione alle istituzioni preposte per pensare ad una collocazione meno indegna. Anche per il Todaro la rimozione dalla colonna divenne occasione di studio. Si rilevò così la natura composita della statua, formata da una testa attribuita ad un sovrano ellenistico, un torso loricato di epoca romana, e varie integrazioni (gambe, braccia, scudo, e il drago sconfitto dal santo) ad opera di un anonimo scultore tardomedioevale, il tutto a comporre una figura di dimensioni superiori al naturale, alta circa 2,50 m. Il torso con corazza faceva parte probabilmente di una statua colossale di Adriano in veste militare. Necessiterebbe di un'indagine più approfondita, sia dal punto di vista stilistico che iconografico: si può azzardare una provenienza da qualche parte dell'Egeo (Creta?), ma è ipotesi che mi riservo di approfondire in altra sede.

La testa merita un discorso a parte (*fig. 10*). Rilavorata più volte e a fondo, mostra un volto giovanile dai lineamenti affilati, con lunghi capelli a ciocche e una voluminosa corona di quercia. L'ipotesi che si tratti di un sovrano ellenistico è stata riproposta anche in studi recenti, ma è inconsistente: la corona di quercia non ha nulla a che fare con gli attributi canonici della ritrattistica regale ellenistica[38]. In età romana invece è attributo frequente delle immagini imperiali, a iniziare da Augusto e fino alla tarda antichità. La corona del Todaro – duplice fila di foglie molto stilizzate, contorno dei singoli lobi semplificato, marcato da 4 fori di trapano – è identica a quella presente in vari ritratti di Costantino[39]: non abbiamo a che fare quindi con un ritratto di età ellenistica, ma con una scultura di molti secoli posteriore. A conferma dell'identificazione con Costantino va rivisto un altro detta-

---

[38] Sperti 2015, p. 181 ss.
[39] Vedi ad esempio i ritratti delle statue colossali erette sulla balaustra del Campidoglio a Roma:

Fig. 10 – Venezia, Piazzetta San Marco. Statua del Todaro, particolare (Sperti 2015, fig. 4).

Fig. 11 – Venezia, Piazzetta San Marco. Statua del Todaro, particolare (Sperti 2015, fig. 5).

glio spesso trascurato, in quanto non visibile dal basso: la fila di fori (*fig. 11*) ricavata lungo il margine superiore della corona, che come notato già negli anni '40 servivano a reggere una corona radiata in bronzo dorato[40]. La corona radiata è un attributo ricorrente nei ritratti di sovrani ellenistici e in seguito di imperatori romani come segno di assimilazione a *Helios/Sol*. Sotto Costantino, il culto di *Sol* diviene dominante, e l'immagine dell'imperatore assimilato al dio tramite la corona radiata compare spesso nella monetazione, o in realizzazioni monumentali, come la perduta colonna costantinopolitana sormontata da un colosso in bronzo dorato[41].

La testa del Todaro poteva appartenere ad una statua di dimensioni maggiori del vero, rappresentante Costantino nelle vesti del dio Sole. Non sappiamo dove il monumento si trovasse in origine; ma considerate le consuetudini dei Veneziani, una provenienza da Bisanzio è la più probabile. La testa fu rilavorata almeno due volte: la prima tra IV e V secolo d.C., quando fu trasformata in una immagine di significato ignoto, caratterizzata da una capigliatura a lunghe ciocche inanellate;

VON HEINTZE 1979; da ultimo PRUSAC 2011, p. 148, nrr. 315-317, fig. 63 a-c, con bibliografia precedente.

[40] SARTORIO 1947, p. 133. Sulla corona radiata fondamentale BERGMANN 1998.

[41] Riferimenti bibliografici in SPERTI 2015, p. 184.

una seconda probabilmente in occasione del reimpiego veneziano, quando il volto assunse l'aspetto efebico che ci è famigliare.

Il gigantesco apparato di marmi e statue della Basilica di San Marco e dei suoi annessi costituisce nella storia del reimpiego veneziano un capitolo a sé, tutto sommato abbastanza ben noto e studiato: il meritorio catalogo di Deichmann e collaboratori ha inquadrato tipologicamente e stilisticamente i circa 600 capitelli (di cui circa la metà di reimpiego) utilizzati nei prospetti esterni e all'interno[42]; altri studi hanno esaminato fusti di colonna (due terzi provenienti dall'Oriente), lastre di rivestimento parietale e pavimentali in marmi policromi[43]; convegni specifici e contributi di varia natura, anche recentissimi, hanno preso in considerazione i cavalli bronzei, il cd. Carmagnola, il gruppo dei Tetrarchi all'angolo del Tesoro[44]. Sulla provenienza della grande maggioranza dei marmi da Costantinopoli vi sono pochi dubbi; in qualche caso, come i Tetrarchi, o i cd. pilastri Acritani, è possibile persino individuare il monumento da cui provengono. Rimangono invece in ombra altri aspetti, legati ad esempio ai criteri di scelta degli *spolia*, alle modalità di individuazione, raccolta e spedizione di una massa così imponente di materiale, alla gestione di un commercio che, come si è visto in precedenza a proposito dei capitelli bizantini reimpiegati nella basilica di San Giovanni e Paolo e in Palazzo Loredan Corner Piscopia, presentava significative interferenze tra pubblico e privato.

Le motivazioni che stanno a monte del trasferimento di centinaia di elementi architettonici (molti dei quali, come i capitelli, finemente scolpiti, e quindi suscettibili di fratture) destinati alla basilica di San Marco, sono forse più evidenti di quelle che presiedettero alla scelta della quadriga bronzea o del gruppo dei Tetrarchi. Niceta Coniata descrive i Latini come un orda barbarica che compie sulla popolazione efferatezze inaudite, e che distrugge con cieca violenza un patrimonio artistico senza pari[45]. La sua testimonianza sarà anche di parte, ma non si fatica ad immaginare che stupri, saccheggi e devastazioni furono tali e quali vengono descritti nella *Narrazione*. L'imponente apparato figurativo dell'Ippodromo (il più grande museo all'aperto di statuaria antica del tardo Medioevo) fu annientato: ad esso e al suo destino Niceta dedica pagine accorate, colme di odio e insieme di nostalgia[46]. Perché tra le centinaia di opere d'arte di ogni soggetto e dimensione disponibili nell'Ippodromo

---

[42] DEICHMANN 1981; vedi anche MINGUZZI 2000.

[43] LAZZARINI 1986, p. 86 ss.; LAZZARINI 1997; *Marmi della Basilica di San Marco* 2000; *La facciata Nord* 2006; PENSABENE 2015, p. 29 ss.

[44] Bibliografia su Cavalli e Tetrarchi qui sopra in nota 1; sul cosiddetto Carmagnola vedi BRECKENRIDGE 1981.

[45] *Grandezza e catastrofe di Bisanzio* 2014, p. 259 ss. (XVIII, 5-7).

[46] *Grandezza e catastrofe di Bisanzio* 2014, p. 415 ss. Sulle antichità dell'Ippodromo vedi BASSETT 1991 (sui cavalli di San Marco vedi nota 20).

e nel resto della città i Veneziani deci-
sero di appropriarsi proprio dei cavalli?
Certamente il richiamo alle quadrighe
dei trionfatori romani giocò un ruolo
rilevante. Ma nella scelta dovette avere
peso il fatto che si tratta di un soggetto
ideologicamente duttile: contrariamente alla grande maggioranza delle opere
d'arte descritte nel *De statuis*, intrise di
riferimenti al mito e alla storia del mondo classico, la quadriga poteva adattarsi
a significati simbolici attuali, politici e
insieme religiosi: collocata sopra l'ar-
cone centrale della facciata ovest, a richiamare la struttura degli archi trion-
fali romani, come segno della vittoria
sull'antica alleata; oppure, con particolare riferimento al santo patrono della
città, posta di fronte a rilievi raffiguranti
i quattro evangelisti a rappresentare
visivamente la leggenda della *quadriga
domini*, allegoria tardomedioevale della diffusione nel mondo della parola di
Dio[47].

Fig. 12 – Venezia, Basilica di San Marco, Tesoro. Gruppo dei Tetrarchi (*L'enigma dei Tetrarchi*
2013, tav. a p. 81).

Analoghe considerazioni possono
valere per il gruppo porfireo dei Tetrarchi (*fig. 12*), collocato all'angolo esterno
del Tesoro. L'immagine di soldati che si abbracciano richiamava l'antico tema
imperiale della *concordia augustorum*, e si poteva prestare facilmente a diversi
usi a seconda del contesto. Un segmento inedito di fusto di colonna di porfido
segnalato da U. Peschlow, oggi collocato nel Chiostro di Sant'Apollonia a Venezia, dietro San Marco, faceva parte, a giudicare da materiale e misure, di una delle
colonne cui appartenevano i rilievi[48], e dimostra forse che il monumento giunse
in laguna in forma diversa, e che fu adattato in vista della sua attuale collocazione
solo in un secondo momento. Alla scritta inserita nel rilievo sottostante[49], dall'e-
nigmatica iconografia (due draghi che azzannano i piedi di due putti reggitabella)
è demandato il compito di sottolineare la funzione protettiva delle quattro figure,

[47] JACOFF 1993.
[48] NIEWÖHNER, PESCHLOW 2012, p. 343 ss.
[49] TIGLER 1995, p. 221 ss., nr. cat. 224 ss.

Fig. 13 – Venezia, Arsenale. Il 'leone' dal Pireo (Sacconi 1991, fig. 39.)

sottolineando in tal modo l'inviolabilità del tesoro marciano.

Priva di precedenti per quanto riguarda l'uso degli *spolia*, San Marco dovette per così dire inventare sé stessa. Nelle epoche a seguire, a parte qualche caso sporadico e di scarso impatto visivo[50], il reimpiego di statue antiche scomparve dai programmi monumentali della città. Bisognerà aspettare molti secoli perché statue classiche tornino a marcare i luoghi più qualificanti del paesaggio urbano della Serenissima: il luogo prescelto sarà l'Arsenale; il modello, la basilica di San Marco; l'occasione, anche in questo caso, una vittoria militare, per quanto neppure lontanamente paragonabile, per le conseguenze, con le vicende della Quarta Crociata. Nel corso della guerra condotta contro i Turchi alla fine del Seicento, il 'capitano da Mar' Francesco Morosini si trova nella tarda estate del 1687 ad assediare l'acropoli di Atene[51]. L'infelice esito della vicenda è nota: una bomba colpisce la santabarbara ottomana, conservata nella cella del Partenone, e il tempio viene seriamente danneggiato. Per celebrare l'effimera vittoria e rinnovare il ricordo dell'antico trionfo su Bisanzio, non si trova di meglio che tentare di spedire a Venezia una coppia di cavalli del frontone ovest: l'operazione fallisce, e le sculture precipitano al suolo in mille pezzi. Il Morosini ripiegherà su tre statue di leoni – due di dimensioni monumentali, una più piccola – arraffate *in loco* (ad Atene e al Pireo?) che verranno collocate a guardia della porta d'ingresso dell'Arsenale (*fig. 13*). Per far tornare i conti col modello marciano un quarto leone, proveniente dalla omonima terrazza nel santuario di Apollo a Delo, verrà aggiunto alcuni decenni più tardi[52]. La triste vicenda della bomba morosiniana avrà, per la storia veneziana del reimpiego, esiti

---

[50] Vedi ad esempio la statuetta di regina tolemaica divinizzata rappresentata come Giustizia, posta agli inizi del Cinquecento all'angolo tra il ponte di Rialto e il palazzo dei Dieci Savi (TRAVERSARI 1991); per l'ipotesi di una provenienza cretese *ibid.*, p. 84.

[51] Per le premesse storiche e le conseguenze archeologiche: PAVAN 1983, pp. 169 ss., 185 ss.; BESCHI 1986, p. 342 ss.; SACCONI 1991; BESCHI 1995.

[52] SACCONI 1991, p. 51 ss.

curiosi: pochi forse sanno che una testa femminile pertinente ad una statua fronto-
nale del Partenone, trasportata a Venezia dal segretario del Morosini, rimase infissa
in una casa a San Trovaso fino agli inizi dell'Ottocento. Riconosciuta come originale partenonico da Giovanni Davide Weber, un antiquario austriaco naturalizzato
veneziano, fu venduta al conte di Laborde, che ne farà dono al Louvre. Il marmo
Laborde rappresenta l'unica testa dai frontoni del tempio ateniese giunta sino a noi
in discrete condizioni[53].

A fronte della *publica magnificentia*, e in competizione con i monumenti di Stato, si muovono i privati. Fin dal Duecento l'esibizione di capitelli bizantini, di fusti
di colonna e di lastre di rivestimento in marmi pregiati – soprattutto proconnesio,
senza dubbio il marmo di origine antica più usato in città, almeno dal periodo ro-
manico (o Veneto-Bizantino) a tutto il Rinascimento[54] – diviene elemento qua-
lificante e caratteristico delle più importanti *domus magnae* erette lungo il Canal
Grande. I capitelli utilizzati nelle polifore di Ca' da Mosto, Ca' Barzizza, Ca' Loredan Corner Piscopia – un tempo erroneamente attribuiti *in toto* a maestranze locali
di tradizione bizantineggiante del XIII secolo – sono almeno in parte ascrivibili alla
produzione costantinopolitana, soprattutto di V-VI secolo, e dimostrano la facilità
con cui nella Venezia romanica i privati potevano accedere ad importanti *stocks* di
esemplari importati dall'Oriente[55]. Raffinatezza del disegno, qualità dell'esecuzione,
provenienza esotica e varietà cromatica delle pietre erano i segni distintivi di questi
materiali, particolarmente adatti a illustrare disponibilità economiche e gusto della
committenza.

Ai marmi impiegati con funzione tettonica si affianca una miriade di patere,
formelle, fregi marcapiano, cornici e altri rilievi decorativi, che costituiscono tuttora gli ingredienti più appariscenti dell'arredo urbano veneziano. La produzione di
patere e formelle copre un arco cronologico che va dall'XI al XIII secolo, con una
stanca appendice in età gotica, ed è caratterizzata da un repertorio iconografico che
combina, spesso con esiti originali, ingredienti bizantini, islamici e occidentali[56].
Molte patere venivano ottenute segando in segmenti fusti di colonne antiche, come
dimostra la presenza di scanalature nel bordo di alcuni esemplari, e la ricorrenza

---

[53] SACCONI 1991, p. 49 s.; BESCHI 1995, con ipotetica attribuzione alla figura di *Iris* del frontone occidentale. Weber possedeva altre sculture antiche, provenienti dall'Attica e dalle Cicladi, tuttora affisse
nel prospetto esterno del palazzo che aveva a San Canciano a Venezia: SPERTI 1997, SPERTI 2004*b*.

[54] Fondamentale LAZZARINI 2015: solo i fusti di colonna sono quasi 1000 (*ibid.*, p. 146, lista in tab.
1 p. 153 ss.)

[55] Per i capitelli nelle dimore veneto-bizantine: BARSANTI 2002. Nell'architettura romanica capitelli bizantini ricorrono frequentemente anche in chiese, come Santa Maria Assunta e Santa Fosca a
Torcello (GUIGLIA GUIDOBALDI 1995), San Donato a Murano (SPERTI 2004*a*) e in edifici a funzione
commerciale, come il fondaco dei Turchi (PILUTTI NAMER 2016, fondamentale anche per il problema
delle imitazioni medievali e seriori, e degli interventi ottocenteschi).

[56] Cfr. ŚWIECHOWSKI – RIZZI 1982.

Fig. 14 – Venezia, Rio della Madonna de l'Orto. Palazzo Mastelli (Sperti 1996, fig. 1).

di diametri di dimensioni costanti[57]. In qualche caso si riutilizzavano sculture a tutto tondo: alla galleria Franchetti della Ca' d'Oro è esposta una patera di notevoli dimensioni con leone che attacca un toro, ricavata da una statua, probabilmente tardoantica, raffigurante una figura maschile coperta di un pesante *paludamentum*, il cui torso è conservato nel lato posteriore[58].

Nel panorama uniforme del reimpiego, prevalentemente utilitaristico, dell'architettura gotica e rinascimentale, si distingue per quello che possiamo definire un programma figurativo unitario il caso del campo e della fondamenta dei Mori e dell'adiacente palazzo Mastelli, nel sestiere di Cannaregio. La storia di questo nucleo urbanistico è poco nota, e la datazione dei reimpieghi problematica[59]. Ca' Mastelli è un palazzo eclettico (*fig. 14*), collocabile alla fine del XV secolo, negli anni di transizione tra l'età gotica e quella rinascimentale; nell'area, secondo una tradizione ottocentesca priva di fondamento, sorgeva in precedenza un fondaco degli Arabi. È detto 'del cammello' per via del rilievo in pietra d'Istria (*fig. 15*) infisso sulla facciata

---

[57] Świechowski – Rizzi 1982, p. 21 s.; Rizzi 2014 (1987), p. 37 nota 13.

[58] Świechowski – Rizzi 1982, p. 74, nr. 250, tav. 19. Per altri esempi riscolpiti da sculture o iscrizioni: Rizzi 1987 (2014), *loc. cit.*; Świechowski – Rizzi 1982, p. 22.

[59] Sperti 1996, p. 129 ss.; Sperti c.s.

Fig. 15 – Venezia, Rio della Madonna de l'Orto, Palazzo Mastelli. Rilievo con mercante e cammello (foto dell'Autore).

principale, datato nel XIV secolo o agli inizi del successivo, raffigurante un mercante in vesti orientali che conduce un cammello con una soma[60]. Il rilievo è una sorta di manifesto delle attività mercantili della famiglia Mastelli, che secondo un codice marciano era originaria della Morea, attiva a Venezia sin dai primi decenni del XII secolo, e dedita al commercio delle spezie; ed è anche, nel richiamo a viaggi lontani, una sintesi degli *spolia* più o meno esotici che ornano il palazzo e l'area adiacente.

L'altare cilindrico a ghirlande rette da bucrani (*fig. 16*) inserito nella bifora angolare del piano nobile è un esempio tipico di come la provenienza di un marmo di spoglio può essere stabilita sulla base di tipologia e stile. A lungo creduto di età romana, esso è in realtà un marmo greco, ascrivibile alla produzione cicladica della media età ellenistica: in particolare a Paros e a Delos vi sono numerosi altari (*fig. 17*), a funzione sia votiva che funeraria, molto simili per schema ornamentale e resa all'esemplare veneziano, che non lasciano dubbi sulla provenienza del pezzo[61]. Il reimpiego in una fabbrica tardoquattrocentesca non implica necessariamente che il marmo si giunto in laguna all'epoca: poteva trovarsi in proprietà della

---

[60] RIZZI 2014 (1987), pp. 268 s., nr. cat. 174; HOWARD 2000, p. 151 fig. 181.
[61] SPERTI 1996, p. 130 ss.

Fig. 16 – Venezia, Rio della Madonna de l'Orto, Palazzo Mastelli. Altare cilindrico ellenistico reimpiegato al primo piano (Sperti 1996, fig. 2).

Fig. 17 – Delo, Agorà di Teofrasto. Altare cilindrico (Sperti 1996, fig. 5).

famiglia da tempo, visto che il commercio di spezie richiedeva un'assidua frequentazione del Mediterraneo orientale. Ma l'utilizzo del manufatto a sostegno di una polifora è perfettamente in linea con la moda architettonica del tempo. Negli ultimi tre decenni del XV secolo diviene uso comune nelle fabbriche veneziane utilizzare piedestalli di colonna in forma di altare cilindrico a ghirlande, ispirati a modelli romani (peraltro strettamente derivanti da modelli greci) diffusi in vari siti della *Venetia*: ne troviamo decine di esempi in palazzi, chiese, sedi di Scuole Grandi, e persino a Palazzo Ducale[62]. È molto improbabile che l'altare dei Mastelli fosse identificato come opera greca: l'antichità classica, agli occhi dell'epoca, era una antichità indistinta. Ma chi conosceva le attività della famiglia, e immaginato l'estensione della sua rete commerciale, avrà senz'altro ammirato in esso un oggetto inusuale e prezioso, il cui valore era garantito dalla provenienza da lidi lontani.

Il reimpiego dell'altare di Ca' Mastelli attua una sorta di cortocircuito: esso imita una soluzione architettonica coeva tramite l'utilizzo di un pezzo antico, che costituisce a sua volta la fonte di ispirazione del moderno. Si tocca qui un tema complesso e problematico, le fonti del classicismo nell'architettura veneziana del primo Rinascimento. Il linguaggio formale 'all'antica' caratterizzante la decorazione architettonica dei decenni che vanno dal 1460 (erezione della porta dell'Arsenale, il primo monumento cittadino ispirato a modelli romani) al 1530 circa (affermazione del nuovo vocabolario di cui si fa promotore il doge Gritti, ed ispiratore il Sansovino), sviluppa forme e motivi prendendo ispirazione da modelli diversi[63]: certamente un ruolo

---

[62] Fondamentale Turetta 2006; vedi anche Sperti 1996, p. 132 ss.

di primo piano lo ebbero i taccuini di disegni (disegni dall'antico, e disegni 'all'antica') e i repertori di bottega; e pure l'osservazione diretta di monumenti che si trovavano nei centri romani della terraferma: Brescia, Verona, Pola *in primis*, ma anche siti in rovina come Aquileia o Altino. Tuttavia va tenuto in debito conto anche l'imitazione di manufatti antichi importati in laguna, che potevano essere riprodotti fedelmente, o rielaborati in forme originali. Caso esemplare sono i rilievi di età giulio-claudia (*figg. 18-19*) con *quattuor pueri lapidei* che reggono attributi di divinità provenienti da San Vitale a Ravenna[64]: ricordati in una citatissima lista di acquisti del notaio e collezionista trevigiano Oliviero Forzetta del 1335, presenti in città almeno dagli inizi del Quattrocento come *spolia* reimpiegati in una casa prospiciente il porticato che metteva in comunicazione Piazza San Marco con la Frezzaria, spostati nel 1532 in Santa Maria dei Miracoli, e infine collocati al Museo Archeologico, le due lastre presto acquisirono larga rinomanza, attestata da una attribuzione probabilmente tardoquattrocentesca a Prassitele, e soprattutto da una serie di citazioni più o meno esplicite da parte dei maggiori artisti dell'epoca, da Donatello a Mantegna, dai Lombardo a Tiziano[65].

È molto probabile tuttavia che la prassi di creare motivi decorativi o figurativi classicheggianti ispirati a marmi di importazione risalga ad un'epoca molto anteriore. Alla base del prospetto acqueo di Ca' Mastelli è inserita una fila di blocchi di fregio di reimpiego decorati da fiori ed altri elementi vegetali, o dal motivo del cosiddetto *peopled scroll*, due girali che intersecandosi formano campi circolari in cui sono inserite per lo più figure di animali (*fig. 20*). Questi fregi venivano usati di norma come marcapiano, e fanno parte di una produzione databile tra il X e il XIII secolo[66]. Il *peopled scroll* è uno dei motivi più frequenti della decorazione architettonica romana[67], ed è verosimile pertanto che lo spunto per lo schema decorativo e il repertorio ornamentale provenga da fregi antichi, giunti in città da qualche centro della terraferma o dal Levante[68].

Quasi a commento del rilievo con cammelliere affisso nella facciata acquea di Ca' Mastelli, le quattro statue in pietra d'Istria reimpiegate nell'adiacente campo dei Mori mettono in scena una carovana di orientali, da cui il campo prende nome[69]. Le vicende architettoniche dell'area sono poco note, e non è possibile pertanto sta-

---

[63] CERIANA 2003; SPERTI 2006.

[64] Museo Archeologico di Venezia: da ultimo BESCHI 2003; CERIANA 2003, p. 127 ss.

[65] Una lista parziale in BESCHI 2003, p. 205 s.; altri esempi in CERIANA 2003, *loc. cit.*

[66] Cfr. DORIGO 2003, p. 449 ss.; ulteriore bibliografia in SPERTI c.s., nota 53.

[67] Ancora fondamentale TOYNBEE – WARD PERKINS 1950.

[68] Casi simili si potrebbero facilmente moltiplicare: vedi ad esempio i due rilievi con fatiche di Eracle nel prospetto occidentale di San Marco, quello con il cinghiale di Erimanto databile forse nel V secolo d.C.; la rielaborazione locale, con l'eroe nella stessa postura ma con la variante della cerva di Cerine, nel XIII (TIGLER 1995, rispettivamente p. 85 s., nr. 85; p. 91 s., nr. 91).

[69] Per quanto segue SPERTI c.s. , con precedente bibliografia. La datazione delle statue è controversa e copre un arco cronologico che va, a seconda delle proposte, dalla fine del XIII agli inizi del XV secolo.

Fig. 18 – Venezia, Museo Archeologico Nazionale. Lastra con putti e attributi di Saturno (Beschi 2003, fig. 51).

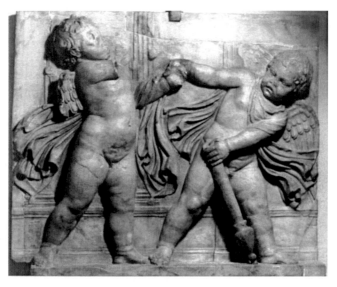

Fig. 19 – Venezia, Museo Archeologico Nazionale. Lastra con putti e attributi di Saturno (Beschi 2003, fig. 52).

Fig. 20 – Venezia, Rio della Madonna de l'Orto, Palazzo Mastelli. Particolare del fregio (foto dell'Autore).

bilire l'epoca in cui le sculture furono reimpiegate; è possibile che appartenessero in origine alla facciata di palazzo Mastelli, o dalla fabbrica ad esso precedente[70]. La statua più nota (*fig. 21*), una sorta di Pasquino veneziano, è chiamata Sior Rioba – a causa dell'errata lettura dell'iscrizione (*rio Ba/rbaro*) apposta lungo il fardello che la figura regge sulle spalle – e rappresenta un *bastazo*, un facchino impiegato nei Fondaci. La statua poggia su un piedestallo composito formato da un capitello ionico di fattura molto approssimativa e un piccolo altare cilindrico in marmo (*fig. 22*) in cattivo stato di conservazione, di tipologia e datazione analoghe a quelle dell'altare di Ca' Mastelli, proveniente anch'esso da qualche parte del Mediterraneo orientale (Rodi?), o dalle Cicladi. È verosimile che i due marmi, sino all'arrivo a Venezia, abbiano avuto vicende parallele: una volta giunti in città, l'altare più grande e meglio conservato andò a decorare il piano nobile del palazzo di famiglia; a quello di minori dimensioni, e più rovinato, fu riservato un compito più modesto.

Le altre tre statue, due poste su piccole basi pensili, una terza inserita in una nicchia di sapore lombardesco (*fig. 23*), si dividono tra il campo e la vicina fondamenta dei Mori[71]. Il gusto veneziano per la creazione di figure eclettiche tramite pietre eterogenee – con esiti non sempre felicissimi, come nel caso in questione – è testimoniato dai voluminosi turbanti in marmo (proconnesio?) utilizzati per connotare etnicamente come levantini personaggi che per il resto vestono all'occidentale, e la cui originaria identità è problematica. Si ritiene siano aggiunte contemporanee al reimpiego delle statue, ma le dimensioni incoerenti dimostrano chiaramente che anch'essi sono *spolia*: attributi analoghi sormontano monumenti funerarie islamici a stele o a colonnetta (*fig. 24*), frequenti in cimiteri dell'odierna Turchia e altrove[72]. I turbanti delle statue dei Mori

---

[70] Rizzi 2014 (1987), p. 272.
[71] Rizzi 2014 (1987), nr. 177, p. 270 ss.

Fig. 22 – Venezia, Campo dei Mori, 'Sior Rioba'. Altare cilindrico reimpiegato come base (foto dell'Autore).

sono un esempio poco eclatante di un fenomeno per quanto mi è noto poco studiato, quello del reimpiego di materiale proveniente dal mondo islamico. Il caso più celebre a Venezia è la cosiddetta cattedra di San Pietro nella omonima chiesa a Castello, in cui lo schienale è formato da una stele funeraria che reca un testo coranico trascritto nell'XI-XII secolo[73].

Tralascio altri reimpieghi antichi e all'antica dell'area, come l'altare cilindrico in pietra d'Istria che sostiene il Moro in fig. 23, imitazione tardoquattrocentesca di esemplari romani; o la statuetta di Ercole appoggiato ad un albero inserita nel piano nobile della casa di Tintoretto, proveniente da un sarcofago con fatiche d'Ercole, o anch'essa copia lombardesca desunta da un modello antico[74].

Va sottolineata piuttosto la coerenza tematica del complesso: il mercante

Fig. 21 – Venezia, Campo dei Mori. 'Sior Rioba' (Rizzi 2014, nr. 177.c).

---

[72] Vedi ad esempio Laqueur 1993, p. 119 ss., 161 ss. e *passim*; gli esempi più antichi si datano nella seconda metà del XV secolo.

[73] Howard 2000, p. 98 fig. 109.

[74] Sperti c.s.

che conduce il cammello nel rilievo del palazzo, e le statue dei Mori inturbantati alludono alle origini orientali della famiglia Mastelli, e al contempo alla vastità dei suoi traffici commerciali; l'altare ellenistico cita una prassi architettonica contemporanea facendo uso di un manufatto esotico, e pertanto insolito e prezioso. Come nelle *domus magnae* veneto-bizantine, l'inserzione di marmi provenienti da paesi lontani sottolinea il prestigio della famiglia. Un'origine lontana come garanzia di qualità diverrà criterio di giudizio fondante per il collezionismo di scultura antica, che proprio negli anni tra la fine del Quattrocento e l'inizio del secolo successivo muoveva a Venezia i primi passi.

3. Dal reimpiego al collezionismo

Nel capitolo della *Venetia città nobilissima et singolare* dedicato agli *Studi d'anticaglie*, Sansovino e Stringa descrivono le maggiori collezioni di antichità dell'epoca informandoci sulla provenienza delle sculture «...da Athene, da Costantinopoli, dalla Morea, e da tutte quasi le Isole dell'Arcipelago...», e sottolineando «l'infinita... spesa» che l'acquisizione di tali tesori comportava[75]. Alla notizia, frutto della conoscenza diretta delle maggiori collezioni veneziane del Cinquecento, diede corpo, archeologicamente parlando, un articolo di Adolf Furtwängler del 1898, che per primo identificò in un gruppo di una decina di statuette

Fig. 23 – Venezia, Fondamenta dei Mori. Statua di *moro* (Rizzi 2014, nr. 177.d).

---

[75] SANSOVINO – STRINGA 1604, p. 258 (v.) ss.

al Museo Archeologico di Venezia, un tempo nella collezione di Giovanni Grimani e Federico Contarini, originali greci[76]. Più di tre secoli prima dell'arrivo in Europa dei marmi Elgin e degli altri complessi sottratti alla Grecia al tramonto del dominio ottomano, i collezionisti veneziani avevano la possibilità di toccare con mano marmi provenienti dal mondo ellenico e dal Levante. Certo non potevano apprezzare le differenze tra originali e copie, il che peraltro non è scontato neppure oggi; né potevano valutarle dal punto di vista storico-artistico, cosa che sarà possibile soltanto a partire dal Winckelmann. Ma l'affermazione «cosa grecha, cosa pretiosissima» era un assioma, e da sola giustificava le iniziative che gli appassionati di anticaglie mettevano in essere, i contatti con i domini d'oltremare che curavano, le spese che erano disposti a sostenere pur di possedere un'opera d'arte proveniente dalla Grecia. La considerazione di cui questi marmi godevano è dimostrata dalle fonti coeve riportate qui sopra, ma anche dalle cure che ad essi erano riservati, sia negli interventi di restauro, affidati spesso agli scultori più in vista dell'epoca, che nella realizzazione di appositi ambienti dove esporli: un esempio come la Tribuna di Palazzo Grimani a Santa Maria Formosa non ha bisogno di commenti.

I viaggi dei marmi da collezione costituiscono, nella storia del rapporto della Serenissima con l'antico, un capitolo a sé, con dinamiche per qualche aspetto differenti rispetto a quelle che caratterizzano gli *spolia*. Il mercato era in mano a pochi personaggi influenti, che alla passione antiquaria univano spesso prestigiosi incarichi istituzionali e grandi disponibilità economiche. Il cardinale Domenico Grimani e suo nipote Giovanni, patriarca di Aquileia, sono i protagonisti del collezionismo cinquecentesco: dai lasciti di Domenico (1523) e di Giovanni (1587) nasce lo Statuario Pubblico, collocato nell'Antisala della Libreria Marciana: esso sarà per due secoli, fino alla caduta della Serenissima, il grande museo pubblico di antichità, modello per analoghe istituzioni europee, e nucleo dell'attuale Museo Archeologico[77]. A fianco dei grandi collezionisti operano i mercanti, attraverso i quali molte opere che transitano per Venezia vanno ad arricchire le raccolte di antichità venete o quelle dei maggiori musei esteri[78].

È merito di Luigi Beschi aver delineato, in una lunga serie di contributi a partire dai primi anni Settanta, storie, protagonisti e direttive del flusso di antichità approdato in laguna dal Mediterraneo orientale[79]. Allo stesso autore si deve una efficace sintesi sulle principali vicende di questi marmi dal tardo Quattrocento sino alla caduta

---

[76] Bibliografia *infra*, nota 86.

[77] Fondamentali per il collezionismo di antichità a Venezia Favaretto 2002, in particolare p. 84 ss. sulla collezione dei Grimani; vedi inoltre *Collezioni di antichità a Venezia* 1988; *Lo Statuario Pubblico* 1997.

[78] Sul collezionismo di antichità in Veneto: Favaretto 2002, p. 99 ss., 164 ss.; Bodon 2004; Bodon 2005, in particolare p. 153 ss. sulle sculture greche. L'individuazione e la catalogazione delle sculture un tempo a Venezia e ora in musei esteri è una ricerca ancora in parte da intraprendere; per alcuni spunti: Favaretto 1990.

[79] Beschi 1986, con bibliografia precedente.

Fig. 24 – Istanbul, Davutağa. Stele a turbante (Laqueur 1993, tav. 6,4).

della Repubblica[80]: ad essa rimando senz'altro, anche per i riferimenti bibliografici. In questa sede mi limito a sintetizzare alcuni dei punti più importanti, rendendo conto dei contributi più recenti, e con particolare attenzione verso gli episodi più precoci.

La prima statua di accertata origine greca testimoniata a Venezia è il cosiddetto *Adorante*, un bronzo ora a Berlino che giunse in laguna nel 1503, e che ebbe una larga e immediata notorietà, documentata dalle testimonianze letterarie coeve e dal numero di repliche prodotte nel corso della prima metà del Cinquecento, una di queste tuttora conservata al Museo Archeologico[81]. Che a Venezia negli anni a cavallo tra XV e XVI secolo sculture antiche fossero già ricercate e altamente apprezzata dai collezionisti lo dimostra il caso della cosiddetta *Cleopatra* (*fig. 25*), una statuetta a due terzi del naturale, proveniente dalla collezione di Giovanni Grimani e raffigurante in origine una Musa (del tipo detto 'con rotolo'), che una volta giunta a Venezia fu risarcita con una testa coronata e degli avambracci, quello destro con una coppa[82]. La tradizionale identificazione con la regina tolemaica, già avanzata nel Settecento, deriva dall'armilla a forma di serpente che si intravede sotto la veste sul braccio sinistro. La testa è stata attribuita su basi stilistiche a Tullio Lombardo, il che comporta una datazione delle integrazioni nell'ultimo decennio del Quattrocento[83]. La questione dell'interpretazione della figura, dell'identificazione dell'autore e della datazione del restauro è stata ripresa recentissimamente da A. Markham Schulz, che ha chiamato in causa Simone Bianco: costui, sulla base delle indicazioni dell'anonimo committente, avrebbe interpretato l'originale mutilo non come Cleopatra ma

---

[80] BESCHI 1997.

[81] Berlino, Antikensammlung: BESCHI 1986, pp. 304 ss., 333, con bibliografia precedente; ed ora HACKLÄNDER 1999, in particolare p. 365 s. per le fonti cinquecentesche. Nel commercio di scultura greca degli inizi del XVI secolo Rodi ha un ruolo di primaria importanza: sulle antichità rodie di cui fra Sabba di Castiglione informava Isabella d'Este: BESCHI 1986, p. 333 ss.; FAVARETTO 2002, p. 80.

[82] TRAVERSARI 1986, p. 57 ss., nr. 18; C. SCHNEIDER (1999, p. 129 s., nr. 8) abbassa all'età antoniniana l'usuale datazione medio-ellenistica.

[83] PINCUS 1979, p. 32 ss. per la storia moderna della statua.

come Sofonisba; inoltre la somiglianza (che personalmente non trovo particolarmente stringente) del volto con quella del figlio maggiore del gruppo del Laocoonte, scoperto nel 1506, sposterebbe l'intervento agli anni dopo il 1510[84]. Non entro nel merito del dibattito, che tocca aspetti diversi ma comunque problematici, come l'origine collezionistica del pezzo (forse appartenuto in precedenza a Domenico Grimani), e la fortuna di Sofonisba nella cultura letteraria e figurativa dell'epoca. Ma a prescindere dalle diverse attribuzioni, e dalla oscillazione cronologica, peraltro lieve, dell'intervento rinascimentale, va notato che non poche repliche del tipo *Musa con rotolo* vanno riferite al *milieu* microasiatico[85]: è verosimile pertanto che sia giunta anch'essa, come l'*Adorante*, dall'Egeo orientale.

Un'analoga costellazione di eventi – statua greca giunta a Venezia dalla Grecia nel tardo Quattrocento, restaurata da un artista di grido, e finita decenni più tardi nella collezione di Giovanni Grimani – ci porta ad riprendere in breve il problema delle cosiddette 'statuette Grimani' (*fig. 26*). Il gruppo di statuette che A. Furtwängler aveva correttamente identificato come originali greci della seconda metà del V e dell'inizio del IV secolo a.C., interpretate come effigi di Demetra e Kore, e attribuite ad un qualche santuario dedicato alle divinità eleusinie[86], furono collegate da Luigi Beschi, in un articolo fondamentale per la storia del collezionismo cinquecentesco, con una notizia del medico vicentino Onorio Belli, che ricordava «molte belle statue» scoperte a Cnosso negli anni era provveditore generale Jacopo Foscarini (post 1574), e destinate alla raccolta di Giovanni Grimani[87]. La testimonianza del Belli aveva particolare rilevanza, in quanto a Cnosso sorgeva un santuario dedicato alle divinità eleusine che, a giudicare dai dati di scavo, era stato oggetto di concrete attenzioni da parte dei Veneziani. Ricevevano così piena conferma le notizie di Sansovino e Stringa sulla provenienza dai dominii ultramarini di molti marmi antichi presenti in città. Sull'identificazione delle statue con quelle citate dal vicentino lo stesso Beschi ha espresso in seguito alcune riserve, poiché una ulteriore indicazione del Belli, contenuta in una *Descrizione geografica dell'isola di Candia* (1591) scoperta ed edita più di recente, ci informava che le statue in questione erano state rinvenute in una basilica di II secolo d.C., e pertanto non potevano che essere romane[88]. A prescindere dal valore di tale riserva – l'apparato statuario e l'edificio che lo contiene non sono necessariamente coevi; senza parlare dell'eventualità di

---

[84] MARKHAM SCHULZ 2015-2016, in particolare p. 29 s. per l'identificazione con l'eroina cartaginese; p. 32 ss. per l'attribuzione a Simone Bianco.

[85] SCHNEIDER 1999, p. 124 ss.

[86] Per i riferimenti bibliografici BESCHI 1986, p. 335 s. Dal punto di vista archeologico, la trattazione più ampia in KABUS-JAHN 1972; inoltre TRAVERSARI 1973, nrr. 20, 21, 22, 24, 26, 30, 31, 32, 49, 73. In realtà delle 'statuette Grimani' quattro appartenevano alla raccolta di Federico Contarini: su questa FAVARETTO 2002, p. 95 ss.

[87] BESCHI 1972-1973, p. 483 ss.

[88] BESCHI 1996, p. 177.

Fig. 25 – Venezia, Museo Archeologico Nazionale. Statuetta di Musa (Traversari 1986, p. 58).

Fig. 26 – Palazzo Ducale. Allestimento della *Sala degli originali greci* (*Lo statua-rio pubblico* 1997, fig. 5, p. 43).

spostamenti di materiali in epoca post-antica – indagini recenti su aspetti sinora trascurati hanno cambiato in maniera sostanziale i termini della questione.

Il presupposto che le 'statuette Grimani' formassero un gruppo unitario giunto in città in un unico momento è stato posto in dubbio dall'esame dei restauri rinascimentali, che in alcune figure sono riconducibili al tardo Quattrocento e all'attività dei Lombardo, in altri sono databili in un'epoca molto posteriore, oltre la metà del Cinquecento[89]. L'attribuzione di interventi di restauro ai Lombardo sottolinea nuovamente, se pure ve n'era bisogno, lo stretto intreccio tra collezionismo e mecenatismo artistico; ma dimostra anche che almeno una parte delle statuette giunse in laguna nella fase più precoce del collezionismo di antichità provenienti dal Levante. Infine, il sospetto che non si tratti di un gruppo unitario ha avuto conferma dalle recentissime analisi petrografiche e isotopiche sul marmo, che risulta di tre varietà: Pentelico, marmo di Paros della cava di Lakkoi, e pario della cava di Stephanoi[90].

Le conseguenze di quanto detto sono notevoli, sia dal punto di vista della storia del collezionismo veneziano nel Rinascimento, sia da quello archeologico; ma non è questa la sede adatta per parlarne. Mi limito ad una sola osservazione: l'ipotesi, molto verosimile, che le 'statuette Grimani' giunsero a Venezia in tempi e da luoghi diversi confligge con l'evidente omogeneità tipologica e stilistica del gruppo (oltre che con la coerenza delle dimensioni), costantemente rilevata da tutti gli studiosi

---

[89] De Paoli 2004, pp. 137 ss., 156 ss. e *passim*.
[90] Soccal – Lazzarini 2011, p. 33 e tab. 1 p. 29.

sin dai tempi A. Furtwängler. Se un primo nucleo di statuette pervenne a Venezia all'alba del collezionismo di scultura antica, gli esemplari che giunsero nei decenni successivi e da luoghi disparati furono consapevolmente ricercate secondo i medesimi caratteri formali, il che ci conduce di nuovo a considerare quella intenzionalità, di cui abbiamo detto in apertura, che sembra essere uno dei segni distintivi dell'atteggiamento veneziano verso le rovine del mondo antico; e oltre a ciò, ci fa intuire in coloro che erano concretamente incaricati di individuare e imbarcare i marmi da spedire in laguna (perchè non degli agenti stanziati oltremare, come avevano corti principesche coeve?) insospettabili sensibilità per il dato formale.

La lista delle sculture provenienti dal mondo greco giunte a Venezia tra il Cinquecento e la caduta della Repubblica potrebbe continuare a lungo. Mi limito a ricordare alcuni dei casi più eclatanti: la Nike colossale di età medioellenistica firmata da un Damokrates di Itanos, proveniente da Hierapetra, che una volta giunta a Venezia perse l'iscrizione e acquisì una testa da Atena[91]; la statuetta di Nereide su delfino appartenuta a Federico Contarini, concepita probabilmente per ornare un ninfeo, che a Hierapetra ha un *pendant* in un esemplare di ritmo speculare[92]; una serie di marmi provenienti dall'Attica, tra i quali si distingue un rilievo votivo a Eracle con uno schema iconografico tipico del periodo tardoclassico[93]; un gruppo di sculture riferibili al mondo microasiatico, in cui emerge per dimensioni e qualità d'esecuzione un grande frammento panneggiato, che un dato d'archivio indica proveniente da Efeso[94]. A fianco di queste acquisizioni vi è poi il campo, ancora da esplorare, dei manufatti architettonici: notizie tardocinquecentesche ricordano l'arrivo a Venezia di colonne e capitelli destinati alle case dei collezionisti[95], a dimostrarci quanto labile può essere in alcuni casi il confine tra reimpiego e collezionismo.

Il flusso di marmi dal Levante continua, con alterne vicende, sino a tutto il Settecento: la raccolta di Girolamo Zulian, di piena età neoclassica, vantava pezzi provenienti dal mondo greco di primissimo ordine[96]. Il momento fatale è la caduta della Repubblica, e l'Ottocento sarà il secolo delle grandi dispersioni: da allora l'emigrazione di statue, rilievi, monete, ceramiche e altre anticaglie, iniziata già secoli prima, non conoscerà soste. Per quanto ci si illuda di ricostruire, tramite documenti d'archivio o altri indizi, entità e sostanza delle collezioni disperse, un'idea delle antichità che passarono per Venezia non l'avremo mai. Certo in quella diaspora di

---

[91] TRAVERSARI 1973, p. 149 nr. 64; BESCHI 1985.

[92] TRAVERSARI 1973, nr. 29; BESCHI 1972-1973, p. 488 ss.

[93] TRAVERSARI 1973, p. 30 s., nr. 9; BESCHI 1997, p. 92.

[94] TRAVERSARI 1986, p. 107 nr. 35; BESCHI 1997, p. 95, con bibliografia

[95] BESCHI 1997, p. 178.

[96] Tra cui il frammento di statua panneggiata proveniente da Efeso ora citato; sulla collezione Zulian: FAVARETTO 2002, p. 220 ss.

marmi i mercanti, italiani ed esteri, fecero la loro parte; ma molte famiglie veneziane non furono da meno[97].

Esiste una 'via veneziana' al reimpiego, e una, parallela, al collezionismo. Entrambe trovano ragione nella peculiarità delle vicende storiche della città: le 'origini libere e selvagge', ciò che significa fare a meno dell'eredità prestigiosa ma ingombrante di Roma; la primigenia filiazione da Bisanzio; la vocazione marittima, e l'apertura ad Oriente, favorita dalla posizione geografica; la conseguente realizzazione di una rete commerciale e politica senza paralleli nell'Europa del tardo Medioevo e della prima età moderna; e aggiungerei anche una necessità psicologica, acuita da un panorama protourbano dominato dal fango delle barene, di circondarsi di una materia solida e lucente qual è il marmo. A questi aspetti, propri del caso veneziano, si intersecano esigenze comuni alla maggioranza dei centri evoluti dell'Italia coeva: in primo luogo la necessità di creare simboli civici identitari, e di godere di lussi privati.

Nessuna città italiana era in grado di competere con Venezia nei rapporti con il Levante; neanche città come Genova, che pure avevano con il mondo bizantino antiche consuetudini. Il viaggiatore tedesco che alla metà del XIV secolo pretendeva che Genova fosse tutta costruita «...con marmi e colonne trasportate da Atene»[98] prese un abbaglio: il reimpiego genovese è in toto romanocentrico, come lo è quello delle altre repubbliche marinare, Pisa e Amalfi[99], per le quali Roma costituiva non solo un immediato referente ideologico, ma anche un comodo e pressoché infinito emporio di marmi disponibili.

In una immaginaria geografia del reimpiego italiano Venezia occupa una posizione eccentrica: il rapporto con il Levante – sullo sfondo di un panorama italiano dominato dal ricorso alla romanità locale, o a quella, ancora più ricercata e preziosa, importata direttamente dall'Urbe – ne fa quasi un *unicum*; e non a caso, se cerchiamo qualche pur lontano parallelo nella penisola, lo troviamo in centri adriatici esposti all'influsso bizantino come Bari[100]. L'originalità veneziana dell'uso dell'antico si manifesta sia nei marmi destinati a rivestimenti, sia nelle opere d'arte elette a marcare le parti più qualificanti del tessuto monumentale della città, o ad arricchire i più raffinati camerini di anticaglie: nel primo caso ammiriamo l'inventiva nell'adattarli alla tradizione architettonica locale; nel secondo, constatiamo il

---

[97] Sulla dispersione delle collezioni veneziane: Favaretto 1990.

[98] Ludolph von Suchem, citato in Beschi 1986, p. 326, con bibliografia.

[99] Sul reimpiego a Genova vedi da ultimo Quartino 2014, con bibliografia precedente; per la ricca bibliografia sul reimpiego pisano mi limito a citare *Camposanto monumentale di Pisa* 1984 e Parra 1983; per Amalfi, il caso classico dell'importazione di urne marmoree dall'Urbe, in Manacorda 1979.

[100] Vedi ad esempio il caso, ancora da approfondire, della similarità dei capitelli corinzi tardoantichi reimpiegati in San Giacomo di Rialto a Venezia, e quelli di San Nicola a Bari: Sperti 2004a, p. 237 s. Per un quadro generale del reimpiego in Italia vedi la sintesi di L. De Lachenal 1995; fondamentale, anche sotto il profilo metodologico, Settis 1986.

privilegio, esercitato per secoli quasi in forma di monopolio, di aver attinto a quella che noi riteniamo, forse inconsciamente, l'eredità più viva del mondo classico.

Bibliografia

BARSANTI 2002 = C. BARSANTI, *Venezia e Costantinopoli: capitelli di reimpiego nelle dimore lagunari del Duecento*, in Hadriatica. *Attorno a Venezia e al Medioevo tra arti, storia e storiografia. Scritti in onore di Wladimiro Dorigo*, Padova 2002, pp. 59-69.

BARSANTI – PILUTTI NAMER 2009 = C. BARSANTI – M. PILUTTI NAMER, *Da Costantinopoli a Venezia. Nuove spoglie della chiesa di S. Polieucto. Nota preliminare*, «Nea Rhome» 6, 2009, pp. 133-156.

BASSETT 1991 = S.G. BASSETT, *The antiquities in the Hippodrome of Costantinopolis*, «DOP» 45, 1991, pp. 87-96.

BERGMANN 1998 = M. BERGMANN, *Die Strahlen der Herrscher. Theomorphes Herrscherbild und politische Symbolik im Hellenismus und in der römischen Kaiserzeit*, Mainz 1998.

BESCHI 1972-1973 = L. BESCHI, *Antichità cretesi a Venezia*, «ASAA» 50-51, 1972-1973, pp. 479-502.

BESCHI 1984 = L. BESCHI, *La cultura antiquaria italiana a Creta: premessa di un impegno scientifico*, in *Creta antica: cento anni di archeologia italiana (1884–1984)*, Roma 1984, pp. 19-52.

BESCHI 1985 = L. BESCHI, *La Nike di Hierapytna, opera di Damokrates di Itanos*, «RAL» s. VIII, 40, 1985, pp. 131-143.

BESCHI 1986 = L. BESCHI, *La scoperta dell'arte greca*, in *Memoria dell'antico nell'arte italiana*, a cura di S. Settis, III, Torino 1986, pp. 293-372.

BESCHI 1995 = L. BESCHI, *La testa Laborde nel suo contesto partenonico. Una proposta*, «RAL» 6, 1995, pp. 491-512.

BESCHI 1996 = L. BESCHI, *Onorio Belli a Creta: le linee metodologiche di un impegno antiquario*, in *Venezia, l'archeologia e l'Europa* 1996, pp. 175-184.

BESCHI 1997 = L. BESCHI, *Le sculture originali greche nello Statuario della Serenissima*, in *Lo statuario pubblico* 1997, pp. 89-96.

BESCHI 2003 = L. BESCHI, "Quatuor pueri de Ravenna", in *Santa Maria dei Miracoli a Venezia. La storia, la fabbrica, i restauri*, a cura di M. Piana, W. Wolters, Venezia 2003, pp. 203-210.

BODON 2004 = G. BODON, *Per un'indagine sistematica sulla presenza di materiale greco nel collezionismo veneto: riflessioni preliminari e ipotesi di lavoro*, in *Studi di archeologia in onore di Gustavo Traversari*, I, Roma, 2004, pp. 111-134.

Bodon 2005 = G. Bodon, Veneranda antiquitas: *studi sull'eredità dell'antico nella rinascenza veneta*, Berna 2005.

Bonacasa 1963 = N. Bonacasa, s.v. *Mykonos*, in *EAA* V, 1963, pp. 302-303.

Breckenridge 1981 = J. Breckenridge, *Again the "Carmagnola"*, «Gesta» 20, 1981, pp. 1-7.

Buondelmonti 1981 = C. Buondelmonti, Descriptio insule Crete et Liber insularum, *cap. XI: Creta*, a cura di M.-A. van Spitael, Heraklion 1981.

Buondelmonti 2005 = C. Buondelmonti, Liber insularum archipelagi: *Universitäts-und Landesbibliothek Düsseldorf Ms. G 13*, a cura di I. Siebert e M. Plassmann, Wiesbaden 2005.

Camposanto Monumentale di Pisa 1984 = *Camposanto Monumentale di Pisa II, le antichità*, a cura di S. Settis, Modena 1984.

I cavalli di San Marco 1977 = CatMostra *I cavalli di S. Marco* (*Venezia giugno-agosto 1977*), a cura di G. Perocco, Venezia 1977.

Cecchetti 1886 = B. Cecchetti, *Documenti per la storia dell'augusta ducale Basilica di S. Marco in Venezia dal nono secolo sino alla fine del decimo ottavo*, Venezia 1886.

Ceriana 2003 = M. Ceriana, *Agli inizi della decorazione architettonica all'antica a Venezia (1455-1470)*, in AttiConv *L'invention de la Renaissance. La réception des formes "à l'antique" au début de la Renaissance* (*Tours 1-4 giugno 1994*), a cura di J. Guillaume, Paris 2003, pp. 109-142.

Ciriaco d'Ancona e il suo tempo 2002 = *Ciriaco d'Ancona e il suo tempo: viaggi, commerci e avventure fra sponde adriatiche, Egeo e Terra Santa*, a cura di G.A. Possedoni, Ancona 2002.

Collezioni di antichità a Venezia 1988 = CatMostra *Collezioni di antichità a Venezia nei secoli della Repubblica* (*Venezia 27 maggio - 31 luglio 1988*), a cura di M. Zorzi, Venezia 1988.

Da Villa Urbani 2000 = M. Da Villa Urbani, *Tabelle, elenchi e indici dei capitelli e dei plutei*, in *Marmi della Basilica di San Marco*, a cura di I. Favaretto *et al.*, Milano 2000, pp. 170-217.

Deichmann 1981 = F.W. Deichmann, Corpus *der Kapitelle der Kirche von San Marco zu Venedig* (con la collaborazione di J. Kramer, U. Peschlow), Wiesbaden 1981.

De Lachenal 1995 = L. De Lachenal, Spolia. *Uso e reimpiego dell'antico dal III al XIV secolo*, Milano 1995.

De Paoli 2004 = M. De Paoli, *"Opera fatta diligentissimamente". Restauri di sculture classiche a Venezia tra Quattro e Cinquecento*, Roma 2004.

Di Vita 1994 = A. Di Vita, s.v. *Gortyna*, in *EAA* II Suppl. 2, Roma 1994, pp. 827-831.

Dorigo 2003 = W. Dorigo, *Venezia romanica*, Venezia 2003.

Effenberger 2013 = A. Effenberger, *Die Tetrarchengruppe in Venedig – Zu den*

Problemen ihrer Datierung und Bestimmung, in *L'enigma dei Tetrarchi* 2013, pp. 49-79.

L'enigma dei Tetrarchi 2013 = AttiConv *L'enigma dei Tetrarchi* (*Venezia 2012*), a cura di E. Concina, I. Favaretto, P. Schreiner, Venezia 2013 (Quaderni della Procuratoria di San Marco).

La facciata Nord 2006 = *La facciata Nord*, Venezia 2006 (Quaderni della Procuratoria di San Marco).

FAVARETTO 1990 = I. FAVARETTO, *Sculture greche da collezioni veneziane disperse e il mercato d'arte antica a Venezia al tramonto della Serenissima*, in *Venezia e l'archeologia* 1990, pp. 113-118.

FAVARETTO 2002 = I. FAVARETTO, *Arte antica e cultura antiquaria nelle collezioni venete al tempo della Serenissima*, Roma 2002 (seconda edizione riveduta e corretta).

FORTINI BROWN 1996 = P. FORTINI BROWN, *Venice & Antiquity. The Venetian Sense of the Past*, New Haven-London 1996.

GHEDINI 1983 = F. GHEDINI, *I Cavalli di San Marco: una precisazione*, «MDAI(R)», 90, 1983, pp. 457-471.

Grandezza e catastrofe di Bisanzio 2014 = N. CONIATA, *Grandezza e catastrofe di Bisanzio*, a cura di A. Pontani, Milano 2014.

GREENHALGH 1990 = M. GREENHALGH, *The discovery of ancient sculpture in the Middle Ages: Venice and the Northern Italy*, in *Venezia e l'archeologia* 1990, pp. 157-164.

GREENHALGH 2009 = M. GREENHALGH, *Marble Past, Monumental Present. Building with Antiquities in Mediaeval Mediterranean*, Leiden-Boston 2009.

GUIGLIA GUIDOBALDI 1995 = A. GUIGLIA GUIDOBALDI, *Reimpiego di marmi bizantini a Torcello*, in *Arte profana e arte sacra a Bisanzio*, a cura di A. Iacobini e E. Zanini, Roma 1995, pp. 603-632.

HACKLÄNDER 1999 = N. HACKLÄNDER, *L'Adorante da Rodi, odissea di un grande bronzo antico*, in AttiConv *I grandi bronzi antichi. Le fonderie e le tecniche di lavorazione dall'età arcaica al Rinascimento (Murlo 1993,1995)*, Siena 1999, pp. 365-384.

HASKELL – PENNY 1981 = F. HASKELL – N. PENNY, *L'antico nella storia del gusto. La seduzione della scultura classica 1500-1900*, Torino 1981.

VON HEINTZE 1979 = H. VON HEINTZE, "Statuae quattuor marmoreae pedestres, quarum basibus Constantini nomen inscriptum est", «MDAI(R)» 86, 1979, pp. 399-437.

HOCQUET 2006 = J.CL. HOCQUET, *Venise et la mer, 12.-18. Siecle*, Paris 2006.

HOCQUET 2017 = J.CL. HOCQUET, *L'organizzazione della navigazione e del commercio*, in *Rapporti mediterranei* 2017, pp. 51-68.

HOWARD 2000 = D. HOWARD, *Venice & the East: the impact of the Islamic world on Venetian architecture, 1100-1500*, New Haven-London 2000.

Jacoff 1993 = M. Jacoff, *The horses of San Marco and the quadriga of the lord*, Princeton 1993.

Kabus-Jahn 1972 = R. Kabus-Jahn, *Die Grimanische Figurengruppe in Venedig*, Berlin 1972 (Antike Plastik, 11).

Knapton 1986 = M. Knapton, s.v. *Dandolo, Gabriele*, in *Dizionario Biografico degli Italiani* XXXII, Roma 1986, pp. 467-69.

Laiou 1982 = A. Laiou, *Venice as a center of trade and of artistic production in the thirteenth Century*, in *Il Medio Oriente e l'Occidente nell'arte del 13. secolo*, a cura di H. Belting, Bologna 1982, pp. 11-26.

Laqueur 1993 = H.-P. Laqueur, *Osmanische Friedhöfe und Grabsteine in Istanbul*, Tübingen 1993 («Istambuler Mitteilungen», Beih. 38).

Lazzarini 1986 = L. Lazzarini, *I materiali lapidei dell'edilizia storica veneziana*, «Restauro e Città» 3-4, 1986, pp. 84-100.

Lazzarini 1987 = L. Lazzarini, *I graniti dei monumenti italiani e i loro problemi di deterioramento*, «Bollettino d'Arte » Suppl. al nr. 41, 1987, 2, pp. 157-172.

Lazzarini 1997 = L. Lazzarini, *Le pietre e i marmi colorati della Basilica di San Marco a Venezia*, in AttiConv *Storia dell'arte marciana: l'architettura (11-14 ottobre 1994)*, a cura di R. Polacco, Venezia 1997, pp. 309-326.

Lazzarini 2002 = L. Lazzarini, *La determinazione della provenienza delle pietre decorative usate dai Romani*, in CatMostra *I marmi colorati della Roma imperiale (Roma 28 settembre 2002 – 19 gennaio 2003)*, a cura di P. Pensabene e L. Lazzarini, Venezia 2002, pp. 223-275.

Lazzarini 2015 = L. Lazzarini, *Il reimpiego del marmo proconnesio a Venezia*, in *Pietre di Venezia* 2015, pp. 135-157.

Il leone di Venezia 1990 = *Il leone di Venezia: studi e ricerche sulla statua di bronzo della Piazzetta*, a cura di B.M. Scarfì, Venezia 1990.

Lombardo 1951 = A. Lombardo, *Pasquale Longo notaio in Corone, 1289-1293*, Venezia 1951.

Manacorda 1979 = D. Manacorda, *Le urne di Amalfi non sono amalfitane*, «ArchClass» 31, 1979, pp. 318-337.

Markham Schulz 2015-2016 = A. Markham Schulz, *Simone Bianco, the Grimani Collection of Antiquities and other unexpected findings*, «Jahrbuch des Kunsthistorischen Museums Wien» 17-18, 2015-2016, pp. 26-43.

Marmi della Basilica di San Marco 2000 = *Marmi della Basilica di San Marco* a cura di I. Favaretto *et al.*, Milano 2000.

Minguzzi 2000 = S. Minguzzi, *Aspetti della decorazione marmorea e architettonica della Basilica di San Marco*, in *Marmi della Basilica di San Marco*, a cura di I. Favaretto *et al.*, Milano 2000, pp. 29-121.

Naumann-Steckner 2013 = F. Naumann-Steckner, *La storia del piede: il frammento ritrovato a Istanbul*, in *L'enigma dei Tetrarchi* 2013, pp. 42-48.

NIEWÖHNER, PESCHLOW 2012 = PH. NIEWÖHNER, U. PESCHLOW, *Neues zu den Tetrarchenfiguren in Venedig und ihrer Aufstellung in Konstantinopel*, «Istambuler Mitteilungen» 62, 2012, pp. 341-367.

PARRA 1983 = M.C. PARRA, *Rimeditando sul reimpiego. Modena e Pisa viste in parallelo*, «ASNP» 13, 1983, pp. 453-483.

PAVAN 1983 = M. PAVAN, *L'avventura del Partenone, un monumento nella storia*, Firenze 1983.

PENSABENE 2013 = P. PENSABENE, *I marmi nella Roma antica*, Roma 2013.

PENSABENE 2015 = P. PENSABENE, *Reimpieghi e percezione dell'antico: recuperi e trasformazioni*, in *Pietre di Venezia* 2015, pp.15-59.

Pietre di Venezia 2015 = AttiConv *Pietre di Venezia: spolia in se, spolia in re* (*Venezia 17-18 ottobre 2013*), a cura di M. Centanni e L. Sperti, Roma 2015 (*Venetia/ Venezia* 2).

PILUTTI NAMER 2008-2009 = M. PILUTTI NAMER, *Su alcuni* spolia *veneziani d'eccezione di età paleobizantina: i capitelli delle edicole dei Frari*, «Venezia Arti» 22-23, 2008-2009, pp. 69-78.

PILUTTI NAMER 2012 = M. PILUTTI NAMER, *Reimpiego e rilavorazione di materiali antichi nella Venezia medievale: alcuni esempi*, in *Riuso di monumenti* 2012, pp. 159-177.

PILUTTI NAMER 2016 = M. PILUTTI NAMER, Spolia *e imitazioni a Venezia nell'Ottocento: il Fondaco dei Turchi tra archeologia e cultura del restauro*, Venezia 2016 (Istituto Veneto di Scienze Lettere ed Arti).

PINCUS 1979 = D. PINCUS, *Tullio Lombardo as Restorer of Antiquities: An Aspect of Fifteenth Century Venetian Antiquarianism*, «Arte Veneta» 33, 1979, pp. 29-42.

PONTI 1995 = G. PONTI, Marmor Troadense. *Granite quarries in the Troad*, «Studia Troica» 5, 1995, pp. 291-320.

PONTI 2002 = G. PONTI, *Tecniche di estrazione e di lavorazione delle colonne monolitiche di granito troadense*, in CatMostra *I marmi colorati della Roma imperiale* (*Roma 28 settembre 2002 – 19 gennaio 2003*), a cura di P. Pensabene e L. Lazzarini, Venezia 2002, pp. 291-295.

PRUSAC 2011 = M. PRUSAC, *From face to face. Recarving of Roman Portraits and the Late-Antique Portrait Arts*, Leiden-Boston 2011.

QUARTINO 2014 = L. QUARTINO, *Marmi romani reimpiegati a Genova: un problema aperto*, in *Genova dalle origini all'anno Mille*, a cura di P. Melli, Genova 2014, pp. 245-253.

Rapporti mediterranei 2017 = AttiConv *Rapporti mediterranei, pratiche documentarie, presenze veneziane: le reti economiche e culturali (XIV – XVI secolo)* (*Venezia 10-12 settembre 2015*), a cura di G. Ortalli e A. Sopracasa, Venezia 2017.

Riuso di monumenti 2012 = AttiConv *Riuso di monumenti e reimpiego di materiali antichi in età postclassica: il caso della* Venetia *(Aquileia 2011),* a cura di G. Cuscito, Trieste 2012 («AAAD» 74).

RIZZI 2014 (1987) = A. RIZZI, *Scultura esterna a Venezia:* corpus *delle sculture erratiche all'aperto di Venezia e della sua laguna,* Venezia 2014 (II ediz. aumentata).

SACCONI 1991 = A. SACCONI, *L'avventura archeologica di Francesco Morosini ad Atene, 1687-1688,* Roma 1991 («Rivista di Archeologia», suppl. 10).

San Marco, Byzantium and the myths of Venice 2010 = *San Marco, Byzantium and the myths of Venice,* a cura di H. Maguire, R.S. Nelson e Washington 2010.

SANSOVINO – STRINGA 1604 = F.SANSOVINO – G. STRINGA, *Venetia città nobilissima et singolare descritta già in XIIII. libri da M. Francesco Sansovino, et hora con molta diligenza corretta, emendata e più d'un terzo di cose nuove ampliata dal M. R. D. Giovanni Stringa…*Venezia 1604.

SARTORIO 1947 = L. SARTORIO, *San Teodoro, statua composita,* «Arte Veneta» 1, 1947, pp. 132-134.

SCHNEIDER 1999 = C. SCHNEIDER, *Die Musengruppen von Milet,* Mainz am Rh. 1999 (Milesische Forschungen, 1).

SETTIS 1986 = S. SETTIS, *Continuità, distanza, conoscenza. Tre usi dell'antico,* in *Memoria dell'antico nell'arte italiana,* 3. *Dalla tradizione all'archeologia,* a cura di S. Settis, Torino 1986, pp. 373-486.

SOCCAL – LAZZARINI 2011 = E. SOCCAL – L. LAZZARINI, *Greek statuary of the Museo archeologico nazionale of Venice. Archaeological and archaeometric studies,* «Marmora» 7, 2011, pp. 19-35.

SPERTI 1996 = L. SPERTI, *Sul reimpiego di scultura antica a Venezia: l'altare di Palazzo Mastelli,* «Rivista di Archeologia» 20, 1996, pp. 119-139.

SPERTI 1997 = L. SPERTI, *Un rilievo con «banchetto funebre» dalla collezione veneziana di Giovanni David Weber,* «Rivista di Archeologia» 21, 1997, pp. 84-91.

SPERTI 2004a = L. SPERTI, *Originali tardoantichi e protobizantini e imitazioni medievali tra i capitelli di San Donato a Murano,* in AttiConv *Società e cultura in età tardoantica (Udine 29-30 maggio 2003),* a cura di A. Marcone, Firenze 2004, pp. 233-257.

SPERTI 2004b = L. SPERTI, *Un rilievo non finito a Venezia, e una breve nota sui modi di produzione delle officine «neoattiche» ad Atene in età antoniniana,* in *Studi di archeologia in onore di Gustavo Traversari,* Roma 2004, pp. 803-820.

SPERTI 2006 = L. SPERTI, *Qualche nota sui rapporti con l'antico nella decorazione architettonica veneziana del primo Rinascimento,* in AttiConv *Iconografia 2005. Immagini e immaginari dall'antichità classica al mondo moderno (Venezia 26-28 gennaio 2005),* a cura di I. Colpo, I. Favaretto e F. Ghedini, Padova 2006, pp. 325-334.

SPERTI 2015 = L. SPERTI, *La testa del Todaro: un palinsesto in marmo tra età costantiniana e tardo Medioevo,* in *Pietre di Venezia* 2015, pp. 173-193.

SPERTI 2016 = L. SPERTI, *Osservazioni sulla cronologia e la provenienza dei capitelli più antichi reimpiegati nella basilica di San Marco a Venezia*, in *Archeologia classica e post-classica tra Italia e Mediterraneo. Scritti in ricordo di Maria Pia Rossignani*, a cura di S. Lusuardi Siena *et al.*, Milano 2016, pp. 285-296.

SPERTI c.s. = L. SPERTI, *Reimpiego di scultura antica a Venezia: proposte e ipotesi recenti*, in *I Tondi di Venezia e Dumbartan Oaks: Arte e ideologia imperiale tra Bisanzio e Venezia*, AttiConv (*Venezia, 5 marzo 2015*), a cura di A. Berger, N. Zorzi e L. Lazzarini, Roma c.s. (*Venetiana*, Centro Tedesco di Studi Veneziani).

SPERTI – ZINATO c.s. = L. SPERTI – A. ZINATO, Pero Tafur *(ca 1410 - ca 1487): un viaggiatore castigliano di fronte alle antichità di Venezia*, «Rivista di Archeologia» 41, 2017, c.s.

Lo statuario pubblico 1997 = CatMostra *Lo statuario pubblico della Serenissima Due secoli di collezionismo di antichità, 1596-1797 (Venezia 1997)*, a cura di I. Favaretto e G.L. Ravagnan, Venezia 1997.

Storia di Venezia, il mare 1990 = *Storia di Venezia*, 12. *Temi: il mare*, a cura di A.Tenenti e U. Tucci Roma 1991 (Istituto della Enciclopedia italiana).

ŚWIECHOWSKI – RIZZI 1982= Z. ŚWIECHOWSKI – A. RIZZI, *Romanische Reliefs von venezianischen Fassaden. "Patere e formelle"*, Wiesbaden 1982.

THIRIET 1959 = FR. THIERET, *La Romanie vénitienne au Moyen Age*, Paris 1959.

THIRIET 1966 = FR. THIRIET, *Délibérations des assemblées vénitiennes concernant la Romanie*, Paris 1966.

THIRIET 1977 = FR. THIRIET, *Etudes sur la Romanie greco-vénitienne (Xe-XVe siècles)*, London 1977.

TIGLER 1995 = G. TIGLER, *Catalogo delle sculture*, in *Le sculture esterne di San Marco*, Milano 1995, pp. 25-227.

TIGLER 1999-2000 = G. TIGLER, *Intorno alle colonne di Piazza San Marco*, «AIV» 158, 1999-2000, pp. 1-46.

TOYNBEE, WARD PERKINS 1950 = J.M.C. TOYNBEE, J. WARD PERKINS *Peopled Scrolls: A Hellenistic Motif in Imperial Art*, «PBSR» 18, 1950, pp. 1-44.

TRAVERSARI 1973 = G. TRAVERSARI, *Sculture di V e IV secolo a.C. al Museo Archeologico di Venezia*, Roma 1973.

TRAVERSARI 1986 = G. TRAVERSARI, *La statuaria ellenistica del Museo Archeologico di Venezia*, Roma 1986.

TRAVERSARI 1991 = G. TRAVERSARI, *La "giustizia" di Venezia, a Rialto: statuetta greco-romana raffigurante in antico la dea Iside assimilata a Kore*, «Rivista di Archeologia» 15, 1991, pp. 80-88.

TRAVERSARI 1994 = G. TRAVERSARI, *La statua di* Asklepios - *S. Paolo della chiesa di S. Polo a Venezia*, in *Studi di archeologia della X Regio in ricordo di Michele Tombolani*, a cura di B.M. Scarfì, Roma 1994, pp. 255-260 (Studia Archaeologica 70).

TSIKNAKES 1990-1991 = K.G. TSIKNAKES, Μία μαρτυρία για τη μεταφορά αρχαιοτήτων από την Κρήτη στη Βενετία, «Horos» 8-9, 1990-9191, pp. 173-176.

Tsipopoulou 1995 = M. Tsipopoulou, s.v. *Hierapytna*, in *EAA* II Suppl., 3, Roma 1995, p. 53.

Turetta 2006 = I. Turetta, *Alle origini del piedistallo cilindrico decorato nell'architettura veneziana del primo Rinascimento*, «Rivista di Archeologia» 30, 2006, pp. 141-160.

Venezia e l'archeologia 1990 = AttiConv *Venezia e l'archeologia: un importante capitolo nella storia del gusto dell'antico nella cultura artistica veneziana* (*Venezia, maggio 1988*), a cura di G. Traversari Roma 1990 («Rivista di Archeologia» Suppl. 7).

Venezia, l'archeologia e l'Europa 1996 = AttiConv *Venezia, l'archeologia e l'Europa* (*Venezia, 27-30 giugno 1994*), a cura di M. Fano Santi, Roma 1996 («Rivista di Archeologia» Suppl. 17).

Vlad Borrelli – Guidi Toniato 1977 = L. Vlad Borrelli – A. Guidi Toniato, *Fonti e documentazioni sui cavalli di San Marco*, in *I cavalli di San Marco* 1977, pp. 137-148.

Abstract

A city without a past, Venice invented it by importing ancient stones. At the beginning from the ruined sites of the hinterland; later, with the development of the commercial network, from Constantinople, the islands of the Aegean, the coasts of the eastern Mediterranean. The signs of this phenomenon – monumental statues and bronzes, but also columns, capitals, inscribed slabs, simple building blocks – are mainly found in San Marco, but also scattered in different parts of the city and reused in churches, private houses, *campi* and *calli*. The travels of the marbles contributed in a decisive way to the urban aspect of the city.

IL VIAGGIO DEI MANOSCRITTI:
CODICI GRECI DALLE ISOLE IONIE A VENEZIA
NELLA COLLEZIONE DI GIACOMO E BERNARDO NANI
(SECOLO XVIII)

Niccolò Zorzi

Fin dal primo affermarsi dell'Umanesimo, quando il ritorno alle fonti della cultura greca, conosciuta sino ad allora solo in parte e in traduzione, rese fondamentale l'accesso al patrimonio di testi greci accumulatosi in Oriente, Venezia fu uno dei centri italiani in cui i libri manoscritti confluirono dai territori grecofoni, ancora in parte bizantini (e poi ottomani), in parte veneziani. Per la lunga tradizione di scambi con l'impero bizantino, per la presenza di numerosi Greci in città, per il diretto dominio esercitato su alcune regioni del Levante (prime tra tutte Creta, veneziana dal 1211 ca. fino al 1645-1669), Venezia ebbe un ruolo di primo piano nella *translatio* dei codici greci da Oriente già a partire dal primissimo Quattrocento. I codici arrivarono in Laguna da Costantinopoli, ma anche, e più a lungo, da altre regioni, in primo luogo Creta, le Isole Ionie e altri territori della Grecia continentale e dell'Egeo. Alcuni patrizi veneziani, pronti a recepire le nuove istanze della cultura umanistica, aderirono con entusiasmo all'ideale bilingue, greco-latino, cercando codici greci al pari di coloro che dell'Umanesimo fecero una professione. I patrizi Pietro Miani, Francesco Barbaro, Leonardo Giustinian, ma anche alcuni funzionari della cancelleria furono tra i primi a procurarsi manoscritti greci, e a studiarli intensamente. I codici si prestano agli amici per leggerli e copiarli, come apprendiamo da molte lettere dell'epoca, basti pensare all'epistolario di Francesco Barbaro. I manoscritti giunti dall'oriente si moltiplicano attraverso nuove copie, realizzate a Venezia e in Italia da copisti greci od occidentali. Le collezioni di codici greci a Venezia crescono di numero e di importanza[1]. Tra tutte, un posto eccezionale ha la raccolta che il

---

[1] Un utile panorama in ELEUTERI 2006.

cardinale Bessarione lascia alla città nel 1468, primo nucleo della Libreria di San Marco o Biblioteca Marciana[2]. Ancora nel Cinquecento Venezia è un centro importante per il commercio di manoscritti greci, che in parte sono codici antichi, provenienti dall'Oriente, in parte vengono copiati da membri della numerosa colonia greca presente in città: da Venezia lotti di codici arricchiscono le collezioni dei sovrani europei[3]. La città stessa non cessa di incrementare le proprie collezioni di codici greci: molte lasciarono la città nel corso dei secoli, altre invece rimasero in laguna ed entrarono nella Biblioteca Marciana, dove trovarono un rifugio sicuro[4].

Nel Settecento i fratelli Bernardo (1712-1761) e Giacomo Nani (1725-1797), figli di Antonio (1665-1742), raccolgono una collezione di 309 manoscritti greci (in realtà 307), che furono descritti da Giovanni Luigi Mingarelli[5] e che Giacomo alla sua morte (1797) lasciò alla Biblioteca Marciana[6]. I codici greci erano ospitati nel palazzo di famiglia, tuttora esistente a San Trovaso, vicino alle Zattere, accanto a quelli latini, italiani, orientali, ed erano parte di una più vasta collezione, il 'Museo', che comprendeva antichità classiche e orientali, epigrafi, monete[7]. Giacomo, percorrendo i gradi di una carriera militare che lo portò da nobile di galera a provveditore generale da Mar (tra il 1740 e il 1766 e poi dal 1776 al 1779), ebbe occasione di viaggiare a lungo nei territori greci dello 'Stato da Mar'. Fu in questi luoghi che egli poté dispiegare la sua passione per il collezionismo. I suoi codici greci sono quasi tutti, salvo rare eccezioni, di provenienza 'orientale', vengono cioè dal Levante veneziano, e in particolare dalle Isole Ionie (con Citera/Cerigo), il più importante polo della 'Grecia veneziana' alla metà del Settecento (Creta era ormai ottomana dal 1669) e fonte di approvvigionamento di codici greci fin dal Quattrocento[8]. Questa provenienza conferisce alla collezione un carattere peculiare, anche per la qualità e la tipologia dei testi, più spesso bizantini e post-bizantini che classici e patristici.

Le numerosissime lettere inviate da Giacomo Nani al fratello Bernardo (che morì nel 1761), che risiedeva stabilmente a Venezia, offrono una straordinaria documentazione sulle vicende che portarono al formarsi della collezione nel Levante[9].

---

[2] ZORZI 1987, pp. 23-85.

[3] Cfr. WILSON 1977; IRIGOIN 1977; CANART 1977; MONDRAIN 2002.

[4] Cfr. ZORZI 1993; per una collezione studiata di recente, quella di Matteo Dandolo (1498-1570), acquistata nel 1573 da Filippo II di Spagna e ora all'Escorial, vedi MARTÍNEZ MANZANO 2014; Dimitrios Skrekas ha avviato la nuova catalogazione dei codici di Holkham Hall, ora alla Bodleian Library di Oxford, in cui è confluita la raccolta di Giulio Giustiniani (cfr. ZORZI 1993, pp. 79-80), che comprende un ampio lotto di codici appartenuti ai cretesi Giovanni e Marco Moresini/Morosini.

[5] MINGARELLI 1784; ma vedi ora MIONI 1967-1972.

[6] Per il lascito vedi ZORZI 1987, pp. 309-315; ZORZI 1993, pp. 97-108; per la biografia di Giacomo vedi DEL NEGRO 2012, con la bibliografia precedente.

[7] Cfr. FAVARETTO 1990 (2002), pp. 206-220, 389-394 (figg. 77-87).

[8] Cfr. MONDRAIN 2000.

[9] Una parte cospicua della corrispondenza si conserva a Padova, Biblioteca Civica, mss. CM

Sono note agli studiosi della famiglia e del 'Museo'[10], ma quasi interamente inedite e mai utilizzate per la storia della collezione libraria, se si esclude una tesi di laurea rimasta purtroppo inedita[11]. Nelle lettere di Giacomo spesso vi sono notizie sulla sua attività militare, informazioni sulla sua fitta rete di rapporti locali, particolari sulla sua vita privata, ma moltissimo vi si trova anche sui suoi tentativi, non sempre fruttuosi, di procurarsi materiali per arricchire il 'Museo' di famiglia. Le notizie relative a statue ed epigrafi si intrecciano con quelle relative ai manoscritti. Giacomo era accompagnato nei suoi viaggi da esperti, tra cui, negli anni 1755-1758, l'abate Cirillo Martini, fiorentino, poco noto agli studi, cui si devono elenchi di codici acclusi alle lettere, nonché annotazioni e indici contenuti nei manoscritti stessi[12].

Grazie all'epistolario possiamo seguire Giacomo nei suoi viaggi tra Corfù, Cefalonia, Zante, Citera e oltre, nel Pelopenneso, a Salonicco, a Smirne. Da Salonicco (allora ottomana), per esempio, spera di poter raggiungere, grazie alla mediazione del tessalonicese Panagiotis Paikos, i codici conservati nelle ricche biblioteche dei monasteri del Monte Athos[13]. Spigoliamo dalle lettere degli anni 1757-1758 alcune informazioni relative ai tentativi, più o meno riusciti, di arricchire la collezione di manoscritti. A Cefalonia (17 settembre 1757) dà incarico di procurargli «200 codici tutti in bergamina» e promette elemosine per le chiese che si privino di qualche manoscritto[14]. Da una lettera del 31 dicembre 1757 veniamo a sapere che ebbe però non 200, ma solamente 4 codici greci[15]. A Cerigo, come apprendiamo da una lettera del 3 novembre 1757, si procura 5 codici greci, grazie all'intervento di un greco di nome Manolachi, amministratore di casa Nani a Corfù, e di padre Riva, «dotto nella lingua greca», che accompagnava Giacomo nei suoi viaggi:

«Portarono (...) 5 codici, uno dei quali è bello, quantunque non inedito, perché in pergamena, e del 1040. A ognuno di questi troverete la sua dichiarazione fatta dall'Abbate (*scil.* Cirillo Martini), ed alcune poche medaglie, con dei piccoli pezzeti di pietra contenenti dei pesci petrificati (...). Ci sono altri 3 codici riservati per me in mano di quel Protopapà, che non me li poté dare, perché era in quei momenti assistente al vescovo che moriva, e che morì[16]».

Alla lettera è allegato anche un disegno dei materiali inviati a Venezia[17]. Tra que-

---

274 (anni 1740-1748); CM 126 t. I (anni 1741-1755); CM 126, t. II (anni 1760-1761); CM 270 (anni 1757-1759); CM 155 (anni 1760-1761, 1781-1793); CM 1062 (anni 1781-1793).
[10] Cfr. FAVARETTO 1990 (2002), pp. 211-214; CALVELLI – CREMA – LUCIANI 2017.
[11] OSTI 2008-2009.
[12] Cfr. ZORZI 2017; su questo personaggio ho in corso uno studio.
[13] Ms. Padova, Biblioteca Civica, CM 270, cc. 295-296.
[14] Ms. CM 270, c. 43.
[15] Ms. CM 270, cc. 69-70.
[16] Ms. CM 270, c. 54.
[17] Pubblicato in FAVARETTO 1990 (2002), p. 393, fig. 85.

sti codici è ben riconoscibile il San Giovanni Crisostomo, un manoscritto datato al 1042: è il Marc. gr. II 28 (= 932).

In seguito alla conquista ottomana di Creta, conclusa dalla resa della sua capitale Candia (oggi Iraklio) nel 1669, molte famiglie cretesi si trasferirono a Corfù, Zante, Cefalonia, portando con sé anche i loro libri[18]. Le lettere offrono notizie sull'acquisto di codici appartenuti a illustri famiglie cretesi emigrate a Corfù da Creta, quali gli Zancaròl e i Troullinòs.

Cinque codici erano in possesso di un *papas* Zancaròl, col quale Nani tenta di concludere una permuta (lettera del 26 dicembre 1758):

«Per il S. Gio. Crisostomo stampato mandato da voi, io non ho dato al papa Zancaròl istesso che il primo tomo. Vorrei che mi desse degli altri manoscritti in cambio e vado sostentandolo quanto più posso. Ma se non ve ne fossero in paese, o che non si potessero avere, non potrò finalmente ricusare di darglielo. Vado però facendo quello che posso. Egli mi diede a conto quei 3 manoscritti accenati di sopra che nulla vagliono però[19]».

Altri manoscritti, in gran numero, parrebbe, erano presso il conte Turlinò (cioè Troullinòs), come si ricava da un'altra lettera (26 dicembre 1758):

«Sono dietro presentemente a fare l'acquisto di alcune casse di libri che mi si disse esistere in casa di un t(al) conte Turlinò, che è una di quelle famiglie candiotte qui trasportate dopo la perdita di quel regno. All'Abbate (*scil.* Martini) non fu permesso di visitarle, dunque niente si sa[20]».

La trattativa dovette concludersi con successo, perché nella collezione Nani, stando alle note di possesso presenti nei manoscritti, si trovano almeno cinque codici appartenuti alla famiglia Troullinòs, e in particolare al *papàs* Giovanni Troullinòs, cretese, avo del conte corfiota: sono il famoso codice di Giorgio Klontzas con gli *Oracula Leonis* (Marc. gr. VII 22 [= 1466]), e inoltre i mss. Marc. gr. I 36 (= 1072), che contiene una lettera indirizzata al Troullinòs e una nota di possesso, Marc. gr. II 46 (= 1014), con nota di possesso, Marc. gr. III 9 (= 1364), con un *Nomocanone* di Giovanni Troullinòs, Marc. gr. XI 20 (= 1475), con nota di possesso[21].

Così dal *metochion* candiota del monastero di Santa Caterina «dei Sinaiti»

---

[18] Cfr. PHRANKOULE 1998, pp. 88-90.

[19] Ms. CM 270, c. 357 (cfr. OSTI 2008-2009, p. 64); si veda il Marc. gr. I 52 (= 1200), che reca la nota: «Dato dal papa Zancaròl in Corfù» (cfr. MIONI 1967, pp. 68-69). Anche nella lettera del 26 dicembre 1758 (ms. CM 270, c. 354), Nani menziona sette manoscritti che spedisce a Venezia, tre dei quali avuti dal «papa Zancaròl» di Corfù.

[20] Ms. CM 270, f. 346.

[21] Non ha invece relazione con il nostro personaggio il *papàs* menzionato nel Marc. gr. I 26 (= 1120), contrariamente a quanto ipotizzato da MIONI 1967, p. 32.

a Creta, proviene un importante gruppo di codici, trasferiti a Zante in un altro *metochiòn*, risalente al 1669, e da lì venuti in possesso di Giacomo[22].

La ricerca di codici greci si intreccia con quella di codici ebraici, turchi e arabi: per esempio, da una lettera del 26 gennaio 1758 apprendiamo che Giacomo ebbe in dono a Corfù un Pentateuco «in lingua caldaica (*scil.* aramaica) coi caratteri ebrei in pergamena», e che gli furono promessi manoscritti e stampe turchi e arabi[23]; da una lettera del 26 dicembre 1758 veniamo a sapere che Nani cercava codici ebraici a Salonicco, ma senza successo[24]. I codici ebraici andarono dispersi dopo la morte di Giacomo e non si conservano dunque, con gli altri, alla Marciana: sono però elencati in un inventario manoscritto, compilato da Giovanni Battista Gallicciolli, che attende di essere studiato (Marc. Lat. XIV 163). Ancora a Corfù (22 novembre 1758), Giacomo prendeva accordi per ottenere 200 codici slavi («schiavoni e serviani») da Perasto, nell'attuale Montenegro[25]. Probabilmente in questo caso l'acquisto non andò a buon fine, giacché nessun codice slavo di provenienza Nani si conserva alla Marciana, né mi pare sia stato sinora segnalato.

Altri codici provengono da Zante. Come si è accennato, anche i codici del *metochion* di Santa Caterina «dei Sinaiti» a Creta passarono per l'omonimo *metochion* zantiota. Le note dei codici naniani testimoniano che un cospicuo gruppo di manoscritti proviene dal monastero di San Giorgio τῶν Κρημνῶν, a Nord dell'isola, che in veneziano viene tradotto 'dei Grebani', cioè 'dei luoghi sassosi, scoscesi'. Il monastero, fondato nel 1535 da Barlaàm Belétes (Μπελέτης), ebbe una significativa fioritura nel primo secolo della sua esistenza (1535-1635). Ad esso si riferisce una lettera del 28 gennaio 1759 da Corfù, in cui Giacomo dice di essere sulle tracce di vari manoscritti, tra cui

«alcuni libri col mezzo del p(adre) Zen dal Zante di ragione del Convento di s. Zorzi dei Grebani[26]».

Dionysios Mousouras, in un importante volume, i cui risultati non hanno sinora avuto la diffusione che meritano, ha identificato 37 codici provenienti da San Giorgio τῶν Κρημνῶν oggi conservati in altre biblioteche, e tra questi 24 appartengono al fondo naniano della Marciana[27]. Tra i codici che furono acquisiti da Giacomo alcuni recano note dello stesso Barlaàm Belétes: per es. il Marc. gr. VII 35 (= 1019),

---

[22] Zorzi 2018.
[23] Ms. CM 270, cc. 132-133.
[24] Ms. CM 270, cc. 348-349.
[25] Ms. CM 270, cc. 334-335.
[26] Ms. CM 270, c. 376.
[27] Mousouras 2003, pp. 135-145.

che fu da lui restaurato, come si apprende da una nota (ma non copiato, come crede Mioni)[28]. Da questo monastero vengono anche i manoscritti autografi con le opere del dotto monaco zantiota Pachomios Rhousànos (1508-1553)[29].

Dal monastero di San Dionisio delle Strofadi, due isolette a circa 30 miglia a sud di Zante, Giacomo riuscì ad ottenere un importante lotto di manoscritti: 19 codici provenienti da questo monastero, infatti, appartengono al fondo naniano oggi alla Marciana[30]. Analizzando le dispersioni cui fu soggetta la biblioteca di San Dionisio, Mousouras ha individuato una notizia che si legge nel *katasticho* 4 (c. 156) del monastero, da cui si ricava che in data 23 ottobre 1759 Giacomo Nani, capitano di nave, prese 20 codici, e che in cambio diede al monastero una campana: segue un elenco molto sommario dei titoli dei manoscritti prelevati[31]. Questo acquisto è confermato da una lettera di Giacomo del 10 novembre 1758 (la discrepanza nella data è forse dovuta a un errore nel *katasticho*), alla quale egli allega un elenco di 27 codici che invia a Venezia[32], in gran parte identificabili tra quelli oggi alla Marciana: 8 di essi recano note di possesso del monastero di San Dionisio delle Strofadi. Nella stessa lettera troviamo conferma anche della singolare forma di risarcimento voluta dai monaci. Giacomo scrive infatti al fratello:

«Troverete qui annessa la lista di alcuni manoscritti Greci raccolti in questo mio viaggio (...). Per alcuni di questi che mi furono dati qui al Zante ho contratta l'obbligazione di far tenere al convento a cui appartenevano una campana del valore di 4 zecchini (...). Vedete se si può trovarla usata e grande, e mandarmela colla sua polizza col primo incontro, essendovi interessato mezzo il Paese per farmi piacere (...). Ho loro donato ancora un poco di cera[33]».

La collezione Nani è composta, come si è detto, quasi esclusivamente di codici acquistati nel Levante. A conferma della via che seguirono i manoscritti della collezione, si può notare che persino due codici allestiti a Venezia furono acquistati da Giacomo Nani nelle Isole Ionie. Il Marc. gr. IX 16 (= 1081), *Iliade*, fu copiato dal calligrafo Giovanni Rhosos a Venezia nel 1486 per il «canonico di Cefalonia» Marino Acursio (così la sottoscrizione), ed ebbe poi diversi possessori greci in Levante fino al 1765, quando fu acquistato da Giacomo Nani e ritornò a Venezia. Il Marc. gr. IV 33 (= 1190), commento di Alessandro di Afrodisia ai *Topici*, anch'esso copiato da Giovanni Rhosos a Venezia nel 1486, reca nella sezione finale del codice (ff. 267rv,

---

[28] MOUSOURAS 2003, pp. 141 e n. 118, 187-189.
[29] Marc. gr. II 103 (= 1312), Marc. gr. II 105 (= 563), Marc. gr. XI 26 (= 1322): cfr. MOUSOURAS 2003, pp. 192-207.
[30] MOUSOURAS 2003, pp. 121-134.
[31] MOUSOURAS 2003, pp. 282-283.
[32] Ms. CM 270, c. 287.
[33] Ms. CM 270, c. 286.

269v-278r) la mano di Zaccaria Calliergi (identificata da Elpidio Mioni), dotto cretese attivo a Venezia tra la fine del secolo XV e l'inizio del XVI[34]: il codice dovette dunque essere a Venezia ancora all'inizio del Cinquecento, come conferma anche una nota in volgare sul contropiatto posteriore, non trascritta da Mioni: «1512 adì 14 dece(m)brii martedì de note a l'ora 4 vegnando mercari (*scil.* mercoledì)»[35]. Ma questo codice reca anche la nota di possesso del *metochion* di Santa Caterina «dei Sinaiti» a Creta e fu quindi acquistato da Giacomo Nani, con gli altri, a Zante.

Non viene, invece, dal Levante il codice segnato un tempo Marc. gr. IV 32, un minuscolo libro tascabile di cm 5 x 10, del secolo XV, che contiene un'operetta di Aristotele (*de iuventute et senectute*). Esso appartenne al fondatore della prima Accademia dei Lincei, Federico Cesi (1585-1630)[36]. È questo anche l'unico manoscritto greco della collezione Nani il cui viaggio non si sia concluso nel porto sicuro della Biblioteca Marciana: probabilmente rubato, esso raggiunse, attraverso passaggi in parte noti, la Bibliothèque royale de Belgique a Bruxelles (II 4944)[37].

Incrociando i dati offerti dalle lettere, l'esame dei codici, le fonti e la bibliografia sui monasteri e le chiese del Levante veneziano è possibile conoscere con maggiore precisione le vicende dei codici naniani, e più in generale aggiungere qualche tassello alla storia dei rapporti culturali tra la capitale, Venezia, e i territori greci dello 'Stato da Mar', che ancora nel '700 offriva al collezionismo della madrepatria una ricchezza di manoscritti che solo con il progredire degli studi avrebbero rivelato la loro importanza per i testi in essi contenuti.

Bibliografia

Calvelli – Crema – Luciani 2017 = L. Calvelli – F. Crema – F. Luciani, *The Nani Museum. Greek and Latin Inscriptions from Greece and Dalmatia*, in Atti-Conv *Illyrica antiqua II. In honorem Duje Rendić-Miočević (Šibenik 12th-15th September 2013)*, Zagreb 2017, pp. 251-276.

---

[34] Mioni 1987, p. 47 (*Addenda*); sul Calliergi vedi Chatzopoulou 2010, pp. 197-207; Chatzopoulou 2012, pp. 1-36.

[35] Cfr. Zorzi 2018.

[36] Cfr. De Ferrari 1980.

[37] Cfr. Mioni 1972, p. 223; Moraux 1976, pp. 84-85 (accessibile anche sul sito http://www.teuchos.uni-hamburg.de/). Mi occupo della storia di questo manoscritto in uno studio attualmente in corso.

Canart 1977 = P. Canart, *Jean Nathanaël et le commerce des manuscrits grecs à Venise au XVIe siècle*, in *Venezia centro di mediazione tra Oriente e Occidente (secoli XV-XVI). Aspetti e problemi*, a cura di H.-G. Beck, M. Manoussacas e A. Pertusi, II, Firenze 1977, pp. 417-438.

Chatzopoulou 2010 = V. Chatzopoulou, *Zacharie Calliergis et Alde Manuce: éléments d'une étude à l'occasion de la découverte d'un nouveau manuscrit-modèle de l'édition aldine de Sophocle (a. 1502)*, in AttiConv *The Legacy of Bernard de Montfaucon: Three Hundred Years of Studies on Greek Handwriting (Madrid-Salamanca, 15-20 September 2008)*, A. Bravo García, I. Pérez Martín e J.S. Codoñer eds., Turnhout 2010, pp. 197-207.

Chatzopoulou 2012 = V. Chatzopoulou, *L'étude de la production manuscrite d'un copiste de la Renaissance au service de l'histoire des textes: le cas du crétois Zacharie Calliergis*, «Revue d'histoire des textes» 7, 2012, p. 1-36.

De Ferrari 1980 = A. De Ferrari, s.v. *Cesi, Federico*, in *Dizionario Biografico degli Italiani*, XXIV, Roma 1980, pp. 256-258.

Del Negro 2012 = P. Del Negro, s.v. *Nani, Giacomo*, in *Dizionario Biografico degli Italiani*, LXXVII, Roma 2012, pp. 699-703.

Eleuteri 2006 = P. Eleuteri, *Libri greci a Venezia nel primo umanesimo*, in AttiConv *I luoghi dello scrivere da Francesco Petrarca agli albori dell'età moderna (Arezzo 8-11 ottobre 2003)*, a cura di C. Tristano, M. Calleri e L. Magionami, Spoleto 2006, pp. 69-84.

Favaretto 1990 (2002) = I. Favaretto, *Arte antica e cultura antiquaria nelle collezioni venete al tempo della Serenissima*, Roma 1990 (rist. con aggiornamenti bibliografici, ivi 2002).

Irigoin 1977 = J. Irigoin, *Les ambassadeurs à Venise et le commerce des manuscrits grecs dans les année 1540-1550*, in *Venezia centro di mediazione tra Oriente e Occidente (secoli XV-XVI). Aspetti e problemi*, a cura di H.-G. Beck, M. Manoussacas e A. Pertusi, II, Firenze 1977, pp. 399-415.

Martínez Manzano 2014 = T. Martínez Manzano, *Creta y el itinerario de los textos griegos hacia occidente. El caso de los manuscritos de Matteo Dandolo*, «Scripta» 7, 2014, pp. 159-184.

Mingarelli 1784 = I. A. Mingarelli, *Graeci codices manu scripti apud Nanios patricios Venetos asservati*, Bononiae 1784.

Mioni 1960 (II) = E. Mioni, *Bibliothecae Divi Marci Venetiarum codices Graeci manuscripti, Volumen II, codices qui in sextam, septimam atque octavam classem includuntur continens*, Roma 1960.

Mioni 1967 (I.1) = E. Mioni, *Bibliothecae Divi Marci Venetiarum codices Graeci manuscripti, Volumen I, codices in classes a prima usque ad quintam inclusi, pars prior, Classis I-Classis II, Codd. 1-120*, Roma 1967.

Mioni 1972 (I.2) = E. Mioni, *Bibliothecae Divi Marci Venetiarum codices Graeci manuscripti, Volumen I, codices in classes a prima usque ad quintam inclusi, pars altera, Classis II, Codd. 121-198-Classes III, IV, V*, Roma 1972.

Mioni 1972 (III) = E. Mioni, *Bibliothecae Divi Marci Venetiarum codices Graeci manuscripti, Volumen III, codices in classes nonam, decimam, undecimam inclusos et supplementa duo continens*, Roma 1972.

Mioni 1987 = E. Mioni, *Bibliothecae Divi Marci Venetiarum codices Graeci manuscripti. Indices omnium codicum Graecorum. Praefatio, supplementa, addenda*, Roma [1987].

Mondrain 2000 = B. Mondrain, *Les Éparque, une famille de médecins collectioneurs de manuscrits aux XVe-XVIe siècles*, in *Η ελληνική γραφή κατά τους 15ο και 16ο αιώνες*, Atene 2000, pp. 145-163.

Mondrain 2002 = B. Mondrain, *Le commerce des manuscrits grecs à Venise au XVIe siècle: copistes et marchands*, in AttiConv *I Greci a Venezia (Venezia, 5-7 novembre 1998)*, a cura di M. F. Tiepolo e E. Tonetti, Venezia 2002, pp. 473-486.

Moraux 1976 = P. Moraux et al., *Aristoteles Graecus. Die griechischen Manuskripte des Aristoteles*, I, Berlin-New York 1976.

Mousouras 2003 = D.I. Mousouras, *Αἱ μοναὶ Στροφάδων καὶ Ἁγίου Γεωργίου τῶν Κρημνῶν Ζακύνθου (μελέτη φιλολογικὴ καὶ παλαιογραφική)*, Atene 2003.

Osti 2008-2009 = M. Osti, *Dall'epistolario di Giacomo Nani: note sulla raccolta dei manoscritti greci e sulla collezione di antichità*, tesi di laurea, relatore N. Zorzi, Università di Padova, Facoltà di Lettere e Filosofia, a.a. 2008-2009.

Phrankoule 1998 = A. G. Phrankoule, *Η Σιναϊτική σχολή της αγίας Αικατερίνης στο Χάνδακα*, Atene 1998, pp. 88-90.

Wilson 1977 = N. Wilson, *The Book Trade in Venice ca. 1400-1515*, in *Venezia centro di mediazione tra Oriente e Occidente (secoli XV-XVI). Aspetti e problemi*, a cura di H.-G. Beck, M. Manoussacas e A. Pertusi, II, Firenze 1977, pp. 381-397.

Zorzi 1987 = M. Zorzi, *La Libreria di San Marco. Libri, lettori, società nella Venezia dei Dogi*, Milano 1987.

Zorzi 1993 = *Collezioni di codici greci dalle raccolte della Biblioteca Nazionale Marciana*, a cura di M. Zorzi, con la collaborazione di P. Bravetti, C. Campana e E. Lugato, Venezia 1993.

Zorzi 2018 = N. Zorzi, *Da Creta a Venezia passando per le Isole Ionie: un lotto di codici di "Santa Caterina dei Sinaiti". Per la storia del fondo di manoscritti greci della famiglia Nani ora alla Biblioteca Nazionale Marciana di Venezia*, in *Bibliothèques grecques dans l'empire ottoman*, éd. A. Binggeli, M. Cassin, M. Detoraki e A. Lampadaridi, Turnhout, 2018.

ABSTRACT

The two brothers Bernardo (1712-1761) and Giacomo Nani (1725-1797) collected more than 300 Greek manuscripts, now preserved at the Biblioteca Nazionale Marciana in Venice. Giacomo acquired most of the manuscripts in the Ionian Islands and in other areas of the Eastern Mediterranean, where he travelled for many years, while fulfilling his duties as military commander. Giacomo's unpublished letters to his brother offer a great wealth of information regarding the activity he displayed in order to obtain Greek manuscripts. These new data allow us to reconstruct the history of the collection in detail.

ADRIA E SPINA TRA ETRUSCHI E GRECI

Giuseppe Sassatelli

Ringrazio Lorenzo Braccesi, Marco Molin e Maddalena Bassani per avermi coinvolto in questo programma di conferenze organizzato dal Centro Studi Torcellani, programma che si inaugura oggi in questa bellissima sala della Biblioteca Nazionale Marciana. E ringrazio voi per essere intervenuti così numerosi, cosa che da un lato mi fa piacere e dall'altro mi preoccupa nel senso che, non avendo idea delle vostre conoscenze sul tema che mi riprometto di trattare, non sarà facile per me trovare il taglio giusto per essere da un lato chiaro ed efficace, e per evitare dall'altro di essere noioso. Ci proverò con tutta la buona volontà anche per onorare nel migliore dei modi l'invito che mi è stato fatto. Il tema che mi è stato affidato, *Adria e Spina tra Etruschi e Greci*, è ampio e complesso per cui dovrò necessariamente fare delle scelte. Ho quindi pensato di suddividere la mia esposizione in due parti. Nella prima parte mi limiterò a riassumere alcuni dati che molti di voi probabilmente già conoscono, ma che sono necessari per aver un quadro generale della presenza degli Etruschi nella Pianura Padana oltre che del ruolo e della funzione di Adria e di Spina, con particolare riguardo ai contatti e alle relazioni col mondo greco. A questi aspetti di carattere generale, che già rientrano comunque nell'argomento che mi sono ripromesso di trattare, vorrei aggiungere alcune riflessioni più di dettaglio relative al rapporto tra gli Etruschi di area padana, e in particolare i centri di Adria e di Spina, col mondo greco e soprattutto con Atene, relativamente alle relazioni commerciali e ai contatti culturali, ma anche per quanto riguarda certi aspetti più sottili e profondi che toccano il 'mondo delle idee' e la condivisione di modelli culturali e ideologici.

Gli Etruschi oltre che abitare nella loro terra d'origine, cioè la Toscana e il Lazio a nord e in destra del Tevere, si sono precocemente radicati anche nella Pianura Padana dove è archeologicamente assai bene documentata una loro presenza molto antica, almeno a partire dal IX secolo, concentrata nella fase iniziale a Bologna e a Verucchio, due aree distinte sul piano topografico e geografico, ma anche su quello

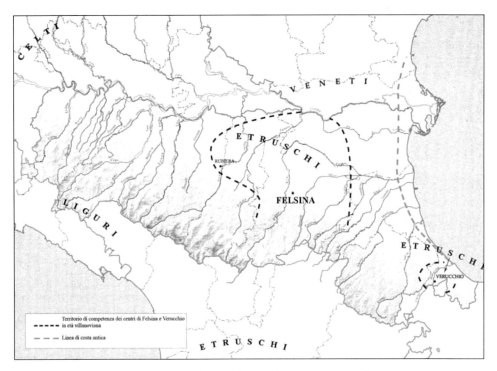

Fig. 1 – L'Etruria Padana tra IX e VI secolo a.C. (Sassatelli 2008, p. 101, fig. 3).

dei presupposti economici e storici che ne hanno determinato la loro precoce etruscità (*fig. 1*).

In questa fase più antica la presenza degli Etruschi nella Pianura Padana e la conquista da parte loro di un ampio territorio di pianura che fa capo a Bologna sono dovute a motivazioni di carattere prevalentemente agricolo. Gli Etruschi di Bologna mostrano di avere come loro obiettivo iniziale e prioritario il controllo della Pianura Padana da bonificare e da utilizzare per un'agricoltura molto avanzata che già prevedeva la rotazione delle colture, invenzione che la tradizione storica antica attribuiva proprio a loro. Gli stessi Etruschi però hanno già nel IX secolo anche un forte interesse per il mare Adriatico, che in questa fase più antica è indipendente da Bologna. Bologna tra IX e VI secolo, è essenzialmente una città etrusca 'di terra', interessata alla fertile Pianura Padana e alla agricoltura molto avanzata che vi si poteva praticare. L'interesse etrusco per il mare Adriatico, che è ugualmente molto precoce e molto forte, si concentra invece su Verucchio e su Rimini, che in quanto a etruscità sono antichi come Bologna, con testimonianze precise e consolidate già a partire dal IX e VIII secolo. La situazione relativa a questa più antica presenza etrusca nella Pianura Padana si può così sintetizzare: c'è da un lato un vasto territorio di pianura che arriva a ovest almeno fino all'Enza e a nord fino al Po, il quale è strettamente controllato da Bologna. Questa 'espansione di terra', gestita e voluta da Bologna, verso est non arriva al mare Adriatico, ma si ferma in alcuni siti di pianura a ridosso, ma ancora distanti dal mare Adriatico, palesando ancora più chiaramente i presupposti di carattere agricolo che stanno alla base di questa espansione. Verucchio nella valle del Marecchia e il suo porto dislocato a Rimini mostrano al contrario l'intendimento molto preciso di creare un primo sbocco etrusco sull'Adriatico per catturare i commerci di un'area molto ampia, sia quelli che interessano la parte più meridionale di questo mare, sia quelli che interessano le terre e i porti dell'Adriatico settentrionale e anche dell'altra sponda.

Questo quadro cambia radicalmente a partire dalla metà del VI secolo (*fig. 2*) quando gli Etruschi di area padana riorganizzano il loro territorio, sia sul piano economico che su quello politico, adottando una diversa struttura poleografica, economica e forse anche politica. Sono personalmente dell'avviso che siano stati soprattutto gli Etruschi della stessa area padana ad avviare e a mettere in atto questa radicale trasformazione che comporta la fondazione di nuove città e un riassetto complessivo dei vecchi centri e dei vecchi territori. Bologna resta il perno di tutta la nuova organizzazione e come tale viene rivitalizzata. Ma accanto ad essa viene fondata sull'Appennino la città etrusca di Marzabotto della quale conosciamo ora il nome antico (*Kainua*, cioè 'la nuova' proprio perché fondata *ex-novo*) e viene fondata anche Spina sull'Adriatico. Quest'ultimo fatto unitamente alla presenza di Adria sempre sull'Adriatico, ma più a nord, mostra chiaramente che l'interesse verso l'Adriatico da parte degli Etruschi, prima concentrato su Verucchio, ora si sposta più a nord e da questo momento in poi il porto adriatico degli Etruschi è Spina, più vicina ai vivaci mercati europei che avevano il loro sbocco nella parte più settentrionale di questo mare.

Tutto ciò era naturalmente in funzione di una riorganizzazione di tipo commerciale che aveva in Mantova l'altro centro importante nella nuova struttura creata dagli Etruschi nella Pianura Padana e finalizzata ad un sistema coerente degli scambi, imperniato su queste città, forse anche federate sul piano politico. Ciascuna di esse infatti aveva un ruolo e una funzione economica: mantenere i rapporti con l'Etruria propria, attraverso l'Appennino, la città etrusca di Marzabotto; mantenere i rapporti con l'Adriatico e la sua costa, la città di Spina (con uno spostamento più a nord di quella funzione che un tempo era stata di Verucchio); garantire il flusso delle merci al di là del Po e in particolare verso l'Italia nord-occidentale e di qui verso l'Europa dei Celti, la città di Mantova, nuova testa di ponte verso il nord sia cisalpino che transalpino.

Questo nuovo sistema realizzato dagli Etruschi consentiva di fare arrivare al di là delle Alpi una serie di prodotti commerciali mediterranei molto raffinati, in primo luogo ceramiche attiche per le quali era fondamentale lo sbocco adriatico, ma anche bronzi di fattura etrusca.

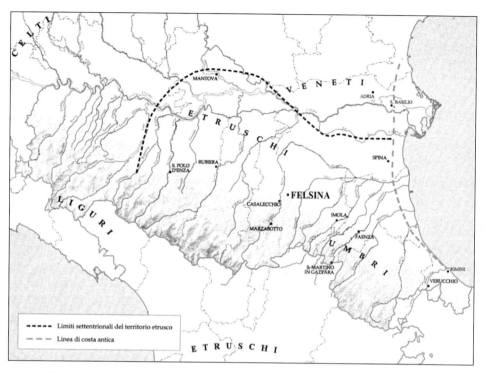

Fig. 2 – L'Etruria Padana dopo la riorganizzazione della metà del VI secolo a.C. (Sassatelli 2008, p. 101, fig. 1).

Questa radicale trasformazione del territorio e delle relazioni commerciali e culturali comportò naturalmente una modifica altrettanto profonda della cultura materiale di queste città e di tutta quest'area. Dalla metà del VI secolo in poi, fino alla metà del IV, una città come Bologna mostra nei suoi corredi funerari, cioè negli oggetti che si pongono accanto al defunto al momento della sepoltura, una quantità rilevante di bronzi etruschi (ciste, candelabri, *stamnoi*, brocche e in generale vasellame per la preparazione e per il consumo del vino), e una quantità ancora maggiore di ceramiche attiche, in particolare ceramiche figurate fatte ad Atene anch'esse destinate alla preparazione e al consumo del vino (*fig. 3*). Questa è la vera grande novità della nuova fase e il segno di una grande vitalità dei porti adriatici e di Spina in particolare.

A questa integrazione sul piano economico e su quello delle relazioni commerciali si affiancava probabilmente anche una stabile relazione politica tra queste città, che facevano parte di una confederazione alla quale accennano anche le fonti.

Sono cose abbastanza note sulle quali mi sono, sia pure rapidamente, soffermato per introdurre ora alcune osservazioni più puntuali relativamente al tema del no-

Fig. 3 – Corredo della Tomba 405 del sepolcreto della Certosa di Bologna; fine VI - inizi V secolo a.C. (Sassatelli 2014, p. 107, fig. 111).

stro incontro e vedere più da vicino come si comportano questi centri etruschi sul mare Adriatico e di quale tenore sono le loro relazioni con la Grecia e con Atene.

Comincio da Adria, sulla quale posso essere molto rapido, perché da un lato è un problema delicato e forse ancora da approfondire. E dall'altro, proprio Lorenzo Braccesi ha scritto pagine importanti su questo sito e dopo di lui altri hanno ampliato la riflessione su questo importante centro 'misto' dal punto di vista etnico. Io vorrei solo sottolineare il fatto che noi abbiamo ad Adria in una età molto antica, già alla metà del VI secolo e forse anche prima, documenti importanti di una fertile presenza greca o comunque di merci greche. Si tratta di ceramiche a figure nere che conosciamo ormai molto bene e che ci attestano un interesse commerciale greco assai precoce nell'Adriatico settentrionale.

Ma forse oggi possiamo aggiungere qualche importante tassello a questa ricostruzione. Va ricordato in primo luogo che in antico Adria non era a nord del Po, ma sul ramo settentrionale di questo fiume e più precisamente su una diramazione di quel Po di Olana di cui parla Polibio, assieme al Padoa che è il più meridionale Po di Spina (*fig. 4*). In questo tipico paesaggio deltizio con specchi d'acqua e canali trasversali (i *septem maria* e le *fossae* della tradizione storica) Adria si trovava esattamente ai margini della terra dei Veneti quasi con una funzione di confine tra questi e il più meridionale territorio padano che di lì a poco diverrà territorio stabilmente etrusco.

Dopo una significativa anche se allentata frequentazione daunia tra VIII e VI secolo, testimoniata dalle ceramiche dipinte di stile tardo e sub-geometrico che ebbero grande fortuna in tutto l'Adriatico settentrionale tranne che presso gli Etruschi, a partire dalla prima metà del VI secolo si affacciano in questo mare nuovi soggetti che attivano l'emporio di Adria e che sono in ordine di tempo prima i Focei, ricordati da Erodoto per le loro lunghe navigazioni verso il *Caput Adriae*, l'Etruria Tirrenica, l'Iberia e Tartesso; e poi gli Egineti forse fondatori di quella colonia che Strabone colloca nel paese degli Umbri. Sono molto puntuali le conferme archeologiche di queste precoci presenze greche in Adriatico, sicuramente riferibili a rotte adriatiche all'interno delle quali è ipotizzabile una sorta di staffetta tra gli Ioni, responsabili dell'arrivo di materiali greco-orientali in tutto il *Caput Adriae*, e gli Egineti che per altro sono noti attraverso le sigle mercantili dei vasi per essere uno dei più importanti vettori commerciali di tutto il Mediterraneo. Indipendentemente dal problema della reale fondazione e quindi della reale presenza di una colonia di Egineti ad Adria, per altro messa in dubbio da alcuni studiosi, è comunque certo che tale colonia non ebbe grande fortuna anche per le note vicende storiche che la videro contrapposta ad Atene in un conflitto che alla metà del V secolo ne sancì una sconfitta definitiva.

Ma anche per questo segmento adriatico ci sono alcune importanti novità. In primo luogo la conferma di un forte parallelismo sia sul piano cronologico che su quello dei vettori commerciali fra Adria e San Basilio (vedi *fig. 4*), dislocato sul Po di Olana, poco a sud di Adria e più vicino al mare, dove tra l'altro troviamo altre ceramiche greche della prima metà del VI secolo (580-570 a.C.). Questo stretto parallelismo cronologico e culturale pone il problema del rapporto tra i due centri precocemente interessati dal commercio greco e dalla vocazione emporica. Non credo si possa considerare San Basilio come lo scalo di Adria. In un'area deltizia come questa le città non hanno uno scalo sul mare, ma mantengono in prima persona i contatti con il mare attraverso canali che tagliano le dune costiere. Credo sia preferibile invece pensare a un esperimento parallelo messo in piedi dai Greci agli esordi della loro presenza in questo mare, esperimento all'interno del quale prevalse poi il sito che probabilmente godeva di una dislocazione più favorevole rispetto alle funzioni emporiche che doveva espletare, cioè Adria, dato che a San Basilio manca completamente qualsiasi documentazione successiva alla seconda metà del V secolo per cui il centro sembra esaurirsi gradualmente a fronte del predominio di Adria.

Ma la vera novità di questi ultimi anni è l'altrettanto precoce e solida presenza degli Etruschi sia ad Adria che nel suo entroterra. Nell'abitato di Adria ad una fase databile al terzo quarto del VI secolo (Adria I) ne seguì un'altra, denominata Adria II, probabilmente successiva a una disastrosa alluvione, caratterizzata da interventi di regolarizzazione e di pianificazione urbanistica accostabili alle esperienze di Marzabotto e di Spina, in significativa sincronia con la comparsa di buccheri (*kyathoi* e *kantharoi*) proprio come nella vicina San Basilio dove ai buccheri si accompagnano ceramiche etrusco-corinzie e addirittura ceramiche etrusche a figure nere di una pro-

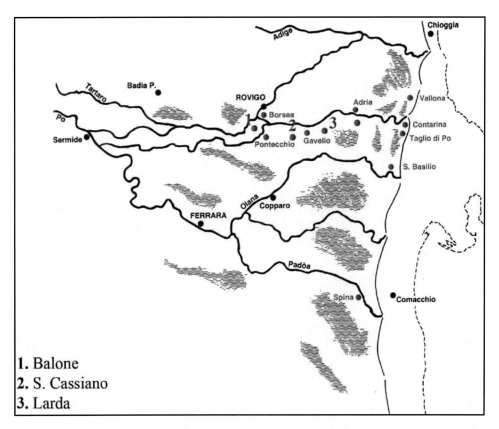

1. Balone
2. S. Cassiano
3. Larda

Fig. 4 – Adria e il suo entroterra saldamente controllato dagli Etruschi (Sassatelli 2008, p. 105, fig. 9).

duzione riferibile all'area tra Orvieto e Chiusi. Da San Basilio in particolare emerge un variegato quadro di materiali che ne evidenziano in modo molto chiaro la natura emporica: alla ceramica paleoveneta a fasce, presente fin dalla fondazione del centro, si affianca un abbondante vasellame da mensa etrusco ed etrusco-padano, unitamente a ceramiche attiche figurate e a vernice nera, a ceramiche ioniche, ad anfore commerciali greche e persino a un frammento di olla geometrica daunia.

Si ha così la netta impressione di un intervento massiccio da parte degli Etruschi, databile quanto meno negli ultimi decenni del VI secolo, ma forse anche più antico, intervento che trova ora una puntuale conferma nella necropoli di Ca' Cima ad Adria scavata in tempi relativamente recenti. Qui a una più antica tomba a incinerazione della metà del VI secolo con un *aryballos* corinzio e con materiali che si riallacciano all'ambito veneto, si affiancano tombe un poco più tarde, ma ancora degli ultimi decenni del VI secolo o dell'inizio del V secolo con abbondante vasellame etrusco di bronzo a riprova dell'arrivo e dell'imporsi con ruolo egemone

Fig. 5 – Adria, Museo Archeologico Nazionale. Tomba 2/1995 dal sepolcreto in località Ca' Cima, prima metà del V secolo a.C. (Bonomi – Camerin – Tamassia 2002, p. 45).

di gruppi etruschi che da questo momento sembrano controllare in modo stabile sia Adria che il suo territorio (*fig. 5*). Ed è proprio da quest'ultimo che vengono le novità di maggior rilievo e di maggior peso per il riconoscimento del ruolo degli Etruschi e del loro radicarsi, solido e precoce, anche in questo lembo molto settentrionale dell'Adriatico. Nell'entroterra di Adria si dispongono infatti una serie di siti e di ritrovamenti la cui dislocazione e le cui caratteristiche consentono di

Fig. 6 – San Cassiano, muri di fondazione di edificio (Sassatelli 2008, p. 105, fig. 10).

riconoscervi un organico progetto etrusco di bonifica e di riorganizzazione rispetto a un territorio relativamente vasto e tutto proiettato verso l'interno. Non so quanto sia lecito vedere in tutto ciò una convergenza di interessi sia dei coloni etruschi che degli *emporoi* greci, non solo perché questi ultimi sono solitamente assai poco interessati (e non solo in Adriatico) al controllo di territori lontani dalla costa, ma anche perché tutta la documentazione recuperata lascia intravedere una presenza esclusivamente etrusca.

Oltre a rinvenimenti isolati come i bronzetti di Gavello o come il manico configurato in bronzo da Larda, oltre alla ben nota tomba di Borsea e di Taglio di Po, mi riferisco in particolare al sito d San Cassiano di Crespino e alle tombe scoperte in località Le Balone. A San Cassiano (*fig. 6*) in particolare abbiamo un complesso di edifici degli ultimi decenni del VI secolo con robuste fondazioni di trachite e copertura pesante di tegole, con una monumentalità che è in palese contraddizione con le consuetudini dell'edilizia etrusca in area deltizia generalmente molto leggera e con coperture straminee. Sorprende il livello molto alto delle ceramiche attiche importate, una delle quali con la firma del vasaio, e la presenza di ceramiche etrusche importate dall'Etruria interna (proprio come a San Basilio), una delle quali reca, ancora una volta, un'iscrizione etrusca, purtroppo incompleta, ma molto significativa.

In località Le Balone è stato addirittura trovato un piccolo sepolcreto con corredi che ricordano molto da vicino le tombe di Bologna e di Spina, all'interno dei quali spiccano ancora una volta ceramiche attiche di buona qualità, anfore commerciali greche e ben due iscrizioni etrusche, una delle quali con un gentilizio 'padano' desinente in *-alu* che apre prospettive interessanti rispetto al riconoscimento di quali Etruschi fossero impegnati in questa riorganizzazione del territorio di Adria che sicuramente prevedeva opere di bonifica e di controllo dei canali attraverso i quali immettere le merci destinate ai siti dell'interno tra cui in particolare il Forcello di Bagnolo San Vito presso Mantova.

Tutti questi elementi mi paiono più che sufficienti per dedurre un deciso controllo, da parte degli Etruschi, di tutto l'entroterra di Adria e forse della stessa Adria che, del resto, Tito Livio considerava «colonia etrusca» in quel passo particolarmente significativo in cui dice che gli Etruschi avevano dato il nome sia al mare «superiore» che al mare «inferiore» che circondava l'Italia, in conseguenza del loro dominio sull'Adriatico altrettanto antico e incontrastato di quello esercitato sul Tirreno. Allo stesso modo la pensa Stefano Bizantino che parla di Adria come «colonia etrusca».

Se tutto questo è vero forse sono maturi i tempi per modificare la nostra valutazione sul ruolo degli Etruschi in quest'area. Se ci fu da parte loro una reazione alla precoce e dilagante presenza greca in Adriatico essa non si concretizzò soltanto nella fondazione di Spina, ma fu più antica e si indirizzò anche verso Adria per assumerne il controllo, come lascia chiaramente intendere la loro presenza su tutto il territorio interno circostante. Il ruolo per così dire egemonico degli Etruschi non escludeva la presenza fisica di altri *emporoi*, e in particolare di Greci, visto che ci sono individui che scrivono in greco facendo offerte alle loro divinità, anche se risulta un po' difficile pensare che fossero organizzati in una *apoikia*.

Adria, per quanto importante, non raggiunse mai il livello di Spina sia sul piano della quantità che su quello della qualità delle sue merci e della sua produttività interna. Il suo mancato decollo nonostante le premesse così brillanti potrebbe essere imputabile da un lato alla fondazione di Altino, poco più a nord e in area veneta, e dall'altro dalla fondazione della stessa Spina, più a sud, che sembra ereditare quella importante funzione di controllo dell'Adriatico che in tempi molto più antichi era stata di Verucchio. Altino per i Veneti e Spina per gli Etruschi finirono di fatto con lo svuotare o quanto meno alleggerire il ruolo e la funzione di Adria, intermedia tra due realtà che anziché condividere in un unico centro le loro funzioni e le loro progettualità emporiche sull'Adriatico preferirono dotarsi ciascuna di uno scalo autonomo che anche da punto di vista topografico rientrasse più nettamente nei loro rispettivi territori e sotto il loro diretto controllo.

Passo ora alla città di Spina, anch'essa fondata e voluta dagli Etruschi, e anzi, come ho già fatto cenno, credo possa essere considerata una risposta etrusca alla precoce presenza greca in Adriatico. Spina è sicuramente più recente di Adria ed è sicuramente una città etrusca, nonostante le sue molte mescolanze come vedremo tra poco, e in quanto tale eredita la funzione che aveva avuto Verucchio. L'interesse verso il mare Adriatico da parte degli Etruschi, interesse che si era polarizzato su Verucchio nei

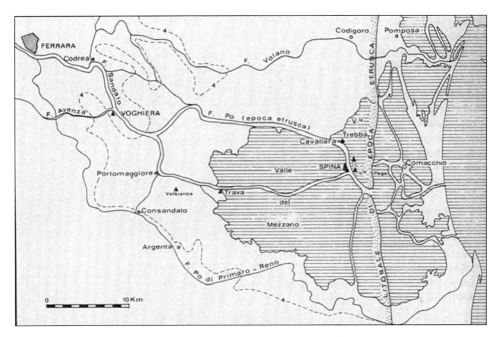

Fig. 7 – Spina e l'area circostante con indicazione della linea di costa antica (*Spina* 1993, p. 23, fig. 16).

secoli IX, VIII e VII, si sposta più a nord e non è un forse un caso che da questo momento in poi Verucchio si caratterizzi per una fase di relativa decadenza per la quale
abbiamo tracce sicure di un abitato ma non sappiamo nulla delle tombe che tuttavia
dovevano esserci. Io credo che dalla metà del VI secolo in poi noi dobbiamo pensare
agli Etruschi di area padana concentrati su Spina da dove cercano di controllare la
precoce presenza greca di Adria più a nord e dove ereditano di fatto il ruolo e la funzione che era stata di Verucchio. E con Spina si apre veramente un capitolo nuovo dei
rapporti con il mondo greco, e in particolare con Atene.

Prima però di affrontare nello specifico questo aspetto credo sia necessario dire
qualcosa su Spina e sulle sue caratteristiche urbane, territoriali e storiche (*fig. 7*). Il
sito di Spina si trova oggi in un'area di piena terraferma, per cui non si ha l'impressione di un sito sul mare, mentre noi sappiamo bene che la linea di costa attuale non
corrisponde alla linea di costa antica, essendo ora molto più avanzata grazie alla
lunga sedimentazione di detriti fatta dal Po e dalla sua foce. In antico la linea di costa passava molto più all'interno e Spina era a pochi chilometri dal mare, come del
resto ci è testimoniato dalle fonti. La città sorgeva in un ambiente ostile dal punto
di vista climatico e dove le continue esondazioni dovute alle maree non favorivano
di certo l'insediamento stabile. Ma nonostante un ambiente così poco favorevole
era necessario avere questa città perché era necessario mantenere aperto un grande
porto sull'Adriatico che doveva servire all'intera Etruria Padana.

Della città e della sua organizzazione interna sappiamo poco. Scavi relativamente recenti dell'abitato hanno messo in luce la presenza di strutture lignee e di palificazioni fatte sia per rafforzare il suolo, sia per alzare il piano di frequentazione al di sopra del livello dell'acqua, in modo tale che fosse possibile costruire le case e le strade al di sopra di queste zone artificialmente rialzate. Spina doveva avere una struttura complessiva abbastanza simile alle città di laguna, come l'attuale Venezia, per esempio. I pesanti interventi di bonifica fatti dagli Etruschi e in particolare le solide palificazioni esterne in legno servivano anche per difendere l'area dell'abitato dalle maree che nella loro esasperante periodicità costituivano un pericolo da cui bisognava difendersi in modo stabile e sicuro. L'unica area dell'abitato che finora è stata scoperta ha una superficie di appena 5-6 ettari e corrisponde ad un'area naturalmente sopraelevata, una sorta di isola che emergeva dalla laguna. Sono convinto che dovessero esserci tante altre isole di questo genere a costituire la grande Spina, stando al numero molto elevato delle tombe documentate che sono diverse migliaia. All'interno di quest'area ci sono case a struttura regolare dove è prevalente l'uso del legno anche nell'alzato (l'uso delle tegole per i tetti sembra essere molto tardo). Complessivamente però si ha l'idea di una struttura urbanistica che è in linea con le migliori e più aggiornate città dell'Etruria Padana, da Marzabotto a Bologna.

Come già ho accennato poc'anzi, Spina è sicuramente una città etrusca prima di tutto perché la documentazione epigrafica ci mostra che il nucleo prevalente della popolazione scriveva e parlava etrusco e quindi era costituito da Etruschi. Ma questa città era una città etrusca anche perché siamo certi che all'origine di essa ci fu un rito di fondazione etrusco. Il ciottolo, trovato a Spina, con l'iscrizione *mi tular* e con l'incisione di una *crux* che indicava probabilmente i punti cardinali, va interpretato infatti come lo strumento che veniva usato per fondare le città secondo quanto ci è documentato proprio a Marzabotto, con un bellissimo esempio di *crux* incisa su un ciottolo che si trova all'incrocio delle due strade centrali. Nel caso di Spina, oltre alla *crux* che indica le linee dei punti cardinali, abbiamo anche la scritta *mi tular*, che probabilmente sta a significare «io sono il caposaldo». *Tular* è in realtà una parola che significa «confine» e come tale è sempre accompagnata da un'altra parola che specifica di quale confine si tratti (*tular rasnal* = confine del *Rasna*). Qui a Spina tale parola, essendo usata da sola, potrebbe invece avere il significato di «caposaldo» da intendere come il «caposaldo» sul quale gli Etruschi hanno fondato questa loro città. L'elemento decisivo per questa lettura e per questa interpretazione è proprio la stretta somiglianza tra questo ciottolo di Spina e il ciottolo con *decussis* trovato ancora *in situ* a Marzabotto, sul cui significato e sulla cui funzione non c'è alcuna ragione di dubitare, come è stato ampiamente provato. Anche se i dati in nostro possesso non sono molti, è tuttavia possibile tentare una sommaria ricostruzione dell'area dell'abitato e dei suoi collegamenti con il mare. L'abitato era sicuramente sopraelevato per ragioni di difesa dalle maree; aveva probabilmente una struttura regolare con case di abitazione e canali interni; era inoltre dotato di un grande canale realizzato dagli Etruschi per consentire il collegamento con il mare. Si trattava di un canale che tagliava tutte le dune costiere e metteva in comunicazione il mare con la città e il porto di Spina. La pulizia e il mantenimento di questo canale erano essenziali per la vita economica della città in considerazione del fatto che proprio da questo canale arrivavano a Spina le merci greche e soprattutto i vasi attici.

Pur sapendo poco dell'abitato sappiamo con certezza che esso inizia nella seconda metà del VI secolo, come provano alcune ceramiche attiche riferibili a questa fase più antica, che è comunque un po' più recente di Adria e che proprio per questo penso possa legittimare l'ipotesi che Spina sia stata il frutto di una reazione etrusca ai Greci di Adria.

Sappiamo poco dell'abitato, ma sappiamo molto dei sepolcreti di Spina, per i quali ci è rimasta la documentazione di alcune migliaia di tombe che costituiscono una miniera di informazioni. Spina viene scoperta negli anni '20 del secolo scorso facendo grandi bonifiche nell'area attorno a Comacchio, bonifiche che hanno portato alla luce le grandi necropoli (Valle Trebba prima; Valle Pega poi) dove gli archeologi hanno avuto la possibilità di scavare una serie notevole di tombe e di oggetti deposti accanto al defunto a costituire il corredo funerario, oggetti che sono il segno più vivace e più vitale dei commerci e delle relazioni che questa città etrusca intratteneva con il mondo greco e con Atene in particolare.

Una delle merci più frequenti in questo giro di scambi era infatti la ceramica attica e più precisamente la ceramica prodotta nel Ceramico di Atene tra la fine del VI e la fine del V secolo, ceramica prima a figure nere, poi a figure rosse, anche con vasi di grandi dimensioni, che sono un veicolo formidabile per la diffusione di temi mitologici e di episodi dell'epica greca, in buona sostanza vasi che sono il modo concreto e assai efficace per fare arrivare nella Spina di V secolo iconografie, ideologie e più in generale cultura dell'Atene di V secolo (*fig. 8*).

Se la ceramica attica costituisce la merce greca di maggior rilievo che arriva nel porto di Spina, non mancano tuttavia altre merci di produzione più genericamente mediterranea come anfore, per l'importazione di vino e di olio, vino che poi viene convogliato verso Mantova e da Mantova verso il paese dei Celti. Va ricordato in particolare che il vino, come bevanda mediterranea, fa ora la sua comparsa in una terra come quella dei Celti che non conosceva questa bevanda dallo straordinario potere di dare un'ebbrezza tutta speciale. Va osservato poi che accanto alla ceramica attica arrivano a Spina molte altre merci tra le quali va ricordata una serie molto importante di bronzi etruschi sicuramente importati dall'area tirrenica ai quali si affianca ben presto una produzione locale di buon livello: candelabri, utensili per il banchetto come i colini che servivano per filtrare il vino, le brocche per distribuirlo ai commensali, i mestoli, spesso in coppia e con funzione di unità di misura per versarlo, i grandi vasi per contenerlo e per prepararlo, e infine anche i vasi per berlo.

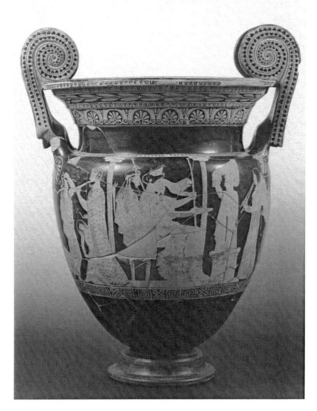

Fig. 8 – Ferrara, Museo Archeologico di Spina. Cratere attico
a volute, a figure rosse, dalla tomba 128 del sepolcreto di Valle
Trebba, lato A; fine del V secolo a.C. (*Spina* 1993, p. 149, fig. 118).

Per tutti questi prodotti c'era bisogno di merci di ritorno. Per acquistare questi
manufatti gli Etruschi di Spina, in collaborazione con i Greci che dimoravano a
Spina, dovevano avere a disposizione merci da barattare. Gli archeologi si con-
frontano da molto tempo su questo problema delle merci di ritorno. Sicuramente
figuravano tra queste i prodotti dell'agricoltura, e soprattutto il grano. Non vi è
dubbio infatti che Atene, come tutte le grandi metropoli dell'antichità, aveva bisogno di grano e che gli Etruschi erano grandi produttori di questo cereale nella
fertile e vasta Pianura Padana. Atene cercava grano non solo nell'Adriatico, ma
anche altrove come ad esempio sul Mar Nero. E lo cercava anche tra gli Etruschi
della Pianura Padana. Rientravano inoltre nel novero delle 'merci di ritorno' altri prodotti sempre relativi all'alimentazione, in particolare i prodotti dell'allevamento. Questi sono menzionati nelle fonti e ci sono documentati anche sul

piano archeologico. Un tipo di allevamento molto avanzato e molto diffuso era sicuramente quello dei suini, accanto a quello dei bovini per i quali è lecito però pensare a una loro prevalente destinazione per il lavoro nei campi. Non vanno infine dimenticati gli animali 'piccoli' per i quali non si può fare a meno di ricordare le «galline di Adria», di cui parla Ecateo.

È chiaro e sicuro che gli Etruschi dell'area padana vendevano queste loro merci ai Greci in cambio dei loro preziosi manufatti ceramici. Sono personalmente convinto però che entrasse in questo scambio anche il metallo, non tanto quello proveniente da supposte miniere locali e appenniniche di cui spesso si è parlato, ma che non sono assolutamente documentate, quanto piuttosto quello estratto nelle zone dell'Etruria propria. Questo metallo poteva valicare l'Appennino sotto il controllo degli stessi Etruschi che lo importavano sotto forma di minerale che conteneva in particolare rame e ferro per le esigenze produttive di Bologna e di Marzabotto. Esso serviva per fare utensili per il banchetto come colini, mestoli e vasi; per fabbricare oggetti di ornamento come fibule; ma serviva anche per fabbricare aratri, zappe, falci, falcetti, cioè strumenti per l'agricoltura e il lavoro nei campi. Io credo che parte di questo metallo importato dall'Etruria potesse anche essere usato come merce di scambio per il commercio con i Greci nel porto di Spina. Spesso gli archeologi hanno contrapposto il grano al metallo come merce di scambio per comprare le ceramiche attiche, ma credo che questa contrapposizione vada superata. Entrambe le merci entravano probabilmente in questo circuito commerciale. Gli Etruschi vendevano sicuramente grano e prodotti dell'allevamento; ma ai Greci che arrivavano a Spina con le loro navi vendevano anche metallo; sempre e comunque per avere in cambio vasi greci figurati fabbricati nel Ceramico di Atene.

Con questi enunciati cominciamo ad entrare più da vicino nel tema del nostro incontro. Atene cerca grano e metalli e porta, per acquistarli, le sue raffinate ceramiche figurate.

Gli abitanti di Spina sono sicuramente Etruschi, perché la documentazione epigrafica prova che la stragrande maggioranza di loro parlava e scriveva in etrusco. La grande quantità di ceramica attica a Spina non vuole dire che questa città fosse greca come si sarebbe portati a pensare (e come spesso si è fatto in passato anche sulla scia di qualche fonte antica). Prima di tutto la ceramica attica era un prodotto che poteva benissimo essere veicolato da commercianti di altra etnia, anche non Greci; e poi come sappiamo sono gli stessi Etruschi ad essere molto interessati a questo raffinato tipo di merce, non solo in area padana, ma anche in area tirrenica.

La forte e prevalente presenza di Etruschi non esclude la presenza di altri popoli che con la loro mescolanza davano grande vitalità a questo emporio adriatico. E a Spina c'erano sicuramente molti Greci. È ben noto il *Griphos* che fa una dedica ad Apollo (*Griphos to Apolloni*) con un nome (*Griphos*) molto probabilmente ateniese. Abbiamo inoltre una dedica a Dioniso, inteso come destinatario del dono, fatta sicuramente da un greco nella sua lingua. Poi ce ne sono altre, ma qui mi fermo. La documentazione epigrafica indica quindi in modo abbastanza chiaro che accanto al prevalente popolamento etrusco c'erano sicuramente molti Greci e all'interno di questi Greci alcuni erano sicuramente ateniesi, a conferma di un legame privilegiato tra queste due città che si scambiavano merci, ma anche iconografie, temi epici e mitologici, cultura e ideologia. Che ci sia un legame speciale tra Spina e Atene nel V secolo, lo dimostrano tra l'altro alcune ceramiche del tutto particolari e in quanto tali da porre al di fuori degli usuali scambi commerciali. Si tratta di *choes*, cioè vasi legati a feste ateniesi e come tali da intendere come l'eco di qualcosa che si faceva ad Atene. Lo stesso discorso lo si può fare per un lebete nuziale che non circola per le normali vie del commercio, ma è in questo caso il segno evidente di un greco che se lo è portato dalla sua città.

Altro elemento importante in questa stessa direzione sono le *lekythoi* a fondo bianco che erano usate solo in ambito funerario nell'Atene di V secolo. A Spina ne risultano al momento solo due. Se solo si pensa che a Spina sono arrivati migliaia e migliaia di vasi attici attraverso il commercio, ma ci sono solo due *lekythoi* a fondo bianco, un vaso tipicamente funerario e tipicamente ateniese, usato cioè esclusivamente in ambito greco, non è difficile ipotizzare che anche in questo caso ci troviamo in presenza di un greco che ha mantenuto nella Spina etrusca del V secolo una consuetudine funeraria specificatamente greca.

Questa mescolanza è ormai un dato di fatto e non ci deve stupire che ci fossero molti Greci all'interno della comunità etrusca di Spina. Molti Greci che ebbero sicuramente un ruolo nella diffusione qui a Spina e di conseguenza poi anche nel resto dell'area padana non solo di merci, ma anche e soprattutto di temi, di iconografie e di 'idee'.

A Spina ci sono anche alcune urne di marmo sicuramente di produzione greca (fabbricate probabilmente in isole dell'Egeo). In un caso però siamo sicuri che il defunto che la utilizzò come cinerario era un etrusco perché nella tomba c'è un'iscrizione con un nome etrusco (*Vel*) per cui dobbiamo pensare a un Etrusco che si sceglie come contenitore per le sue ceneri un manufatto tipicamente greco. Tra l'altro noi abbiamo a Spina una discreta quantità di 'marmi greci' come bacili, segnacoli (spesso importati come supporti e poi rielaborati), pissidi e altro ancora. Marmi greci importati a Spina e di lì anche verso altre città dell'Etruria Padana sono ormai ben noti. Ricordo la testa di *kouros* in marmo greco trovata a Marzabotto, ma qui arrivata per il tramite di Spina. La testa apparteneva a una statua di dimensioni notevoli e quindi importante per la quale oggi possiamo legittimamente avanzare l'ipotesi che fosse da collocare nel grande tempio periptero dedicato a *Tinia* trovato recentemente proprio a Marzabotto nell'area settentrionale della città. Se questo è vero mi pare evidente che gli Etruschi di area padana quando hanno bisogno di una statua speciale per raffigurare una loro divinità, ricorrono a manufatti di ambito greco. Perché questa statua di Marzabotto è sicuramente una scultura greca, comperata dagli Etruschi e usata in un grande e importante luogo di culto della città etrusca, nel quale era presente tra l'altro un tempio periptero che nella sua planimetria si riallacciava ancora una volta, sia pure latamente, a modelli di ambito greco.

A Spina non mancano poi altri elementi che documentano una presenza speciale del mondo greco attraverso figure, miti, personaggi che sono entrati pienamente nel bagaglio culturale, figurativo e ideologico della città di Spina e da essa sono penetrati talora anche nelle altre città etrusche dell'area padana. Faccio solo qualche esempio. In un passo dello Pseudo-Aristotele (Ps. Arist., 836 A-B – *Mir. Ausc.* 81) si parla dell'arrivo di Dedalo nelle isole Elettridi, cioè alla foce del Po, e della presenza nell'area del delta di due statue, una di Dedalo e una del figlio Icaro, opera dello stesso Dedalo che le avrebbe fatte appositamente per un edificio di culto a loro dedicato e lì collocato. Prescindendo dalla attendibilità o meno di questa notizia sul luogo di culto abbiamo preziose conferme archeologiche se non altro del fatto che il mito di Dedalo e Icaro era ben noto tra gli Etruschi della Valle Padana. In primo luogo una bulla d'oro (*fig.* 9) con decorazione a rilievo, conservata a Baltimora, ma rinvenuta a Spina, databile al secondo quarto del V secolo. Vi sono raffigurati con la tecnica dello sbalzo due personaggi in volo nei quali le iscrizioni *Taitle* e *Vikare* consentono di riconoscervi Dedalo e Icaro, alati e presumibilmente in volo in uno schema che ritroviamo anche nello spessore di una stele etrusca di Bologna proveniente dal sepolcreto dei Giardini Margherita (*fig. 10*). Sia nella stele di Bologna che nella bulla di Spina, Dedalo stringe nelle mani una sega e un'ascia, strumenti che lo caratterizzano più che come scultore, come architetto e più precisamente come un architetto dedito ai lavori di carpenteria forse ricollegabili alle grandi opere idrauliche necessarie in un'area deltizia, in linea del resto con una tradizione che fa capo a Diodoro che insisteva sulla attività di Dedalo al servizio del re *Kokalos* che lo aveva accolto fuggitivo da Creta affidandogli la costruzione di mura difensive, ma soprattutto di importanti apprestamenti idraulici come la costruzione di bagni a Selinunte o lo sbarramento del fiume *Alabon* per creare un lago artificiale.

Mi pare molto significativo l'accoglimento tra gli Etruschi padani del mito di Dedalo, eroe ateniese per eccellenza, accoglimento che ancora una volta lascia trapelare legami del tutto speciali tra la Pianura Padana e la città di Atene. Non solo, ma il Dedalo così legato per certi versi ad Atene e conosciuto in area padana (forse anche oggetto di culto stando alla testimonianza dello Pseudo-Aristotele), più che uno scultore o un artigiano era un architetto-carpentiere evidentemente specializzato nelle grandi opere idrauliche, ben documentate sul piano archeologico e assolutamente necessarie in quest'area deltizia sia per realizzare e mantenere il contatto e l'approdo sul mare Adriatico contro l'azione impaludatrice del fiume, sia per costruire la città, i suoi argini di protezione contro le maree e le sue case su palafitte.

L'area del delta e il territorio paludoso richiedevano una speciale *techne* costrut-

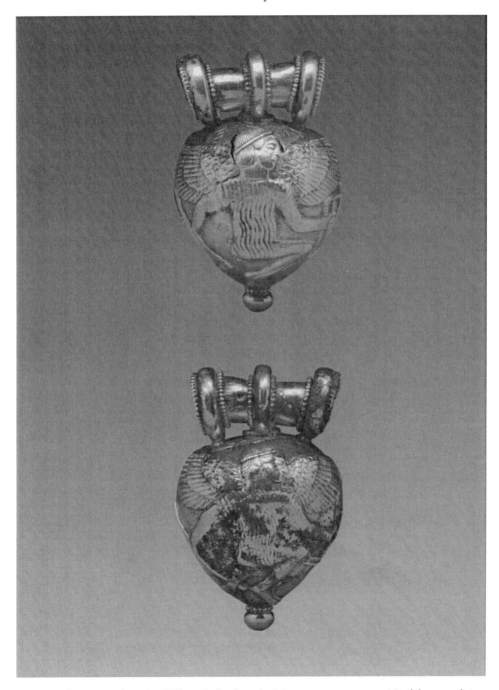

Fig. 9 – Baltimora, Walters Art Gallery. Bulla d'oro da Spina: sono rappresentati Dedalo su un lato e Icaro sull'altro; prima metà del V secolo a.C. (*Spina* 1993, p. 114, fig. 96).

Fig. 10 – Dettaglio della metopa con Dedalo nello spessore della stele n. 12 del sepolcreto dei Giardini Margherita di Bologna; tardo V secolo a.C. (*Spina* 1993, p. 121, fig. 102).

tiva nella quale gli Etruschi padani erano sicuramente molto esperti e il cui *pròtos euretés* poteva essere identificato proprio in Dedalo ateniese, eroe civilizzatore e maestro di 'architettura idraulica' con un processo di assimilazione culturale nel quale va osservato come una figura strettamente legata al mondo greco, e ad Atene in particolare, venga poi adattata a specifiche esigenze locali. E che il controllo dell'acqua a Spina fosse importante, lo dimostrano anche alcuni bronzetti con Era-

Fig. 11 – Bologna, Museo Civico Archeologico. Dettaglio della cimasa con Enea e Anchise del cande-labro trovato a Spina; 430-410 a.C. (Sassatelli 1987, p. 67, fig. 4).

cle alla fonte, cioè con Eracle munito di clava che appoggia il piede su di un'anfora. Sono bronzetti usati come cimase di candelabro che stanno a indicare il possesso e il controllo dell'acqua da parte di Eracle, possesso e controllo che in una zona di laguna è essenziale per garantire la vita e il funzionamento della città.

Tra i materiali che documentano uno speciale rapporto tra gli Etruschi di area padana a Atene vorrei considerare infine un candelabro di bronzo con cimasa fi-gurata che merita a questo riguardo particolare attenzione (*fig. 11*). Il candelabro è conservato al Museo Civico Archeologico di Bologna dove è arrivato attraverso una lunga storia di tipo collezionistico che però è abbastanza plausibile nelle sue linee generali. Come provano disegno e 'didascalia' del Codice Vaticano Latino 9140, il candelabro fu trovato a Spina nel 1668 (per cui può essere considerato il primo e più antico ritrovamento etrusco di Spina). Il candelabro ha una cimasa figurata costituita da due figure, un vecchio ammantato e un giovane guerriero. Non solo guerriero e vecchio procedono strettamente abbracciati, ma la posizione dei corpi e delle braccia indica chiaramente che il giovane sorregge, guida e sostiene il vecchio il quale sembra avere qualche difficoltà nel seguirlo e nel camminare. E se si osservano bene i due volti viene da pensare che la causa di questi impaccio da parte del vecchio sia la cecità. In buona sostanza lo schema complessivo delle due figure offre sufficienti elementi per riconoscervi Enea che porta in salvo il padre Anchise, sia pure in un'iconografia insolita che è molto interessante all'interno del tema dei rapporti tra gli Etruschi di Spina e Atene dato che il bronzetto è sicuramente da riferire ad una produzione locale ed è databile tra il 430 e il 410 a.C. È pertanto una cimasa fatta in Etruria Padana da un artigiano etrusco di quest'area. L'iconografia tradizionale o comunque più diffusa di questo episodio dell'*Ilioupersis* è ben diversa. Nella fuga da Troia Anchise viene portato sulla spalla dal figlio Enea perché il fulmine che Giove aveva scagliato contro di lui (per punirlo della *hybris* di essersi vantato della sua unione con Afrodite) lo aveva paralizzato alla gamba per cui non poteva camminare (*semper debilis vixit*). Ma esisteva anche un'altra tradizione dell'episodio che forse risale a Teocrito secondo la quale Anchise fu punito con la cecità anziché con la paralisi del corpo (Servio, *ad. Aen.* I, 617; II, 35 e 687). Secondo tale versione Anchise non è più paralizzato e quindi può camminare autonomamente; però è cieco per cui deve farsi guidare e sospingere dal figlio Enea. La cimasa di Spina si rifà ovviamente a questa tradizione e infatti Anchise vecchio, canuto, forse cieco, comunque incerto e malfermo sulle gambe si fa guidare e sospingere dal giovane figlio in armi appoggiandosi a un bastone che gli serve per sondare il terreno. Oltre che su alcune ceramiche attiche trovate in occidente tale versione è presente nella metopa XXVII del lato nord del Partenone (*fig. 12*) dedicato all'*Ilioupersis* dove Enea armato di spada, scudo ed elmo si accinge a lasciare la città di Troia preceduto dal piccolo Ascanio (che nella cimasa manca per ragioni di spazio) e seguito dal padre Anchise che cammina da solo, ma appoggia entrambe le mani sulle spalle dell'eroe per farsi guidare da lui. Nel momento in cui l'interesse ateniese per le storie di Enea trova il suo apice e la sua consacrazione ufficiale nell'accoglimento del mito nel monumento principe di Atene, cioè il Partenone, questo avviene adottando la versione dell'Anchise cieco che può camminare da solo pur avendo bisogno della 'guida' e del sostegno del figlio. Anche la cimasa del candelabro di Spina si rifà a questa iconografia che è del tutto sconosciuta tra gli Etruschi di area tirrenica e che sembra rimandare non ad un generico ambito greco, ma proprio ad Atene, a quell'Atene di Pericle e Fidia che accogliendo questa tradizione del mito sulle metope del Partenone ne avevano decretato una sorta di 'consacrazione ufficiale'. L'artigiano etrusco che realizzò a Spina stessa o comunque in area padana la nostra cimasa si ispirò, se non proprio direttamente alla metopa del Partenone, a uno schema narrativo che aveva trovato in essa la realizzazione di maggior spicco e di più notevole rilevanza. Non va trascurato a questo riguardo che il candelabro come tale era utilizzato per illuminare la sala e la mensa di un qualche importante banchetto dove non è escluso che il mito raffigurato dalla cimasa venisse evocato anche dal racconto, ancora una

Fig. 12 – Metopa XXVIII del lato nord del Partenone: Enea armato di spada lascia Troia, preceduto dal piccolo Ascanio e dal padre Anchise che appoggia le mani sulla spalla dell'eroe (F. von Brommer, *Die Parthenon-skulpturen. Metopen. Fries. Giebel. Kultbild*, Mainz am Rhein 1979, tav. 43).

volta da intendere come elemento di adesione culturale al mondo greco e alle sue 'storie' o al suo *epos*. Ma forse si può andare anche oltre. Per quanto riguarda la nostra cimasa questo legame tra Spina ed Atene, direi quasi tra Spina e il Partenone, oltre che sul piano iconografico, si manifesta anche sul piano stilistico e formale. La testa barbata di Anchise ricorda infatti molto da vicino alcune teste barbate del fregio del Partenone e alcune teste di Centauro delle metope sud dello stesso Partenone (*fig. 13*). Le molte analogie di alcuni tratti stilistici lasciano intravedere una temperie artistica molto simile che troviamo anche in altri bronzetti da Spina come il noto *Cavaliere di Detroit* (*fig. 14*) e che va aggiunta a tutti gli altri elementi che uniscono Spina ad Atene nella seconda metà del V secolo.

Il 'nuovo' candelabro di Spina ci ha dunque consentito di individuare alcuni significativi legami tra questo importante centro dell'Etruria Padana e l'Atene periclea. Nell'emporio adriatico non solo fu accolta quella particolare iconografia del mito di

Fig. 13 – Dettaglio della testa di Anchise del candelabro (a sinistra) e della testa di un Centauro della metopa XXVI del lato sud del Partenone (a destra) (Sassatelli 1987, pp. 78-79, figg. 11 e 13).

Enea e Anchise che aveva trovato sul Partenone una sorta di 'consacrazione ufficiale', ma lo stesso Partenone costituì un importante punto di riferimento sul piano stilistico per l'artista etrusco che realizzò la nostra cimasa e la figura del vecchio Anchise in particolare. È evidente che di fronte a episodi come questo dobbiamo pensare che la massiccia importazione di ceramica attica sia stata un formidabile veicolo per la diffusione tra gli Etruschi di Spina e delle valle del Po di temi, iconografie e forme artistiche della piena classicità greca e ateniese in particolare. A volte però, come in questo caso, alcuni caratteri così spiccatamente ellenizzanti come una versione del mito sconosciuta in area tirrenica, non credo possano essere semplicemente acquisiti e apprezzati attraverso le importazioni commerciali. Per episodi di questa rilevanza forse bisogna pensare anche alla presenza fisica e abituale di Greci negli empori etruschi dell'Adriatico, presenza ben attesta dalle iscrizioni come già si è detto e sicuro tramite per la conoscenza e la diffusione di messaggi così alti e raffinati.

Nel corso del V secolo ci sono poi anche altre manifestazioni che confermano questo rapporto molto stretto con il mondo greco, come ad esempio la presenza di un'ideologia funeraria di tipo greco, che invade il mondo etrusco e che il mondo etrusco fa propria. Nella bronzistica di Spina è presente un bronzetto con *Hermes* che sta conducendo una defunta verso l'aldilà lasciando intravedere una concezione della morte intesa come viaggio che i defunti fanno e per il quale hanno bisogno di un accompagnatore; e questa ideologia della morte è sicuramente l'esito dei contatti che gli Etruschi dell'area padana hanno con il mondo greco i cui influssi arrivano fino a Bologna.

Fig. 14 – Detroit, Institute of Arts. Bronzetto di cavaliere attribuito al territorio di Comacchio; verso la fine del V secolo a.C. (T. Dohrn, *Die etruskische Kunst in Zeitalter der griechischen Klassik*, Mainz am Rhein 1982, p. tav. 19).

Le stele funerarie di questa città sono la raccolta più completa di immagini legate al mondo della morte e qui noi troviamo una presenza frequente di demoni alati, anche formalmente di derivazione greca, che vengono a prelevare il defunto per accompagnarlo nell'aldilà con lo schema del viaggio su carro o a piedi. Alcuni di questi demoni hanno addirittura l'aspetto di un Caronte che ha in mano il remo, risultando una sorta di ibrido dal punto di vista concettuale perché è un Caronte che non naviga, anche se si ispira fortemente al Caronte traghettatore di anime per via del remo che ha in mano. Questo richiamo al demone attraverso un attributo che lo lega al mare anche se in modo incongruo (ma gli Etruschi sono maestri in questo genere di incongruità) è un dato estremamente significativo. Io credo che questi demoni arrivino al mondo etrusco attraverso la mediazione greca e ateniese. E questo modo di concepire la morte come viaggio, con la presenza di demoni che hanno un compito preciso in questo viaggio, con particolare riguardo al Caronte traghettatore, tutto questo è una conseguenza dei contatti molto stretti che il mondo etrusco padano aveva col mondo greco, in particolare con quello ateniese.

Nella prima metà del IV secolo città come *Felsina*, Marzabotto e in parte anche Mantova, cadono nelle mani dei Galli che superato il Po debordano verso sud anche oltre Appennino. Gli Etruschi di area padana però non scompaiono e si concentrano sulla fascia costiera. Siamo abbastanza sicuri di questo perché a Spina è ben documentata una presenza etrusca anche nel IV e nel III secolo. Non solo, ma questa presenza etrusca si allarga verso nord fino ad Adria, e verso sud fino a Ravenna e forse anche fino a Rimini. Dopo l'invasione gallica, alla netta discontinuità dell'interno si contrappone una continuità etrusca che interessa un'ampia fascia costiera sull'Adriatico. Io credo che tutto questo possa essere interpretato come una fuga verso il mare degli Etruschi che prima abitavano stabilmente nell'interno e che ora, privati delle loro terre da coltivare, vedono nel mare e nei commerci che vi si possono praticare la loro unica possibilità di sopravvivenza economica. Una fonte tarda come è lo Pseudo-Scilace registra puntualmente la presenza di *Tyrrenoi* sulla costa adriatica, in una età in cui gli Etruschi non sono sicuramente più presenti nelle loro città storiche dell'interno (*fig. 15*). Abbiamo inoltre documenti archeologici molto precisi e consistenti che attestano questa continuità. Mi riferisco in particolare a ceramiche tarde importate sia dall'Etruria che, soprattutto, dalla Grecia (e ancora una volta in particolare da Atene) dalle quali traspare un notevole benessere di questi Etruschi costieri di area padana in età tarda. La stessa ceramica alto-adriatica è prodotta, proprio in questa fascia di mare dagli Etruschi, ed è un ulteriore indizio di vivacità economica e culturale. Gli Etruschi mantengono inoltre i rapporti commerciali anche con l'area tirrenica in particolare con Volterra e questa presenza di Etruschi in età tarda si estende fino a Ravenna dove ci sono ceramiche di IV secolo, presumibilmente importate, con iscrizioni etrusche che non lasciano dubbi sulla identità etnica di chi le utilizzava. In conclusione un'ampia fascia costiera dell'Adriatico, da Adria fino a Rimini è controllata dagli Etruschi almeno fino al III secolo cioè in un periodo in cui l'entroterra padano è invece ormai saldamente in mano gallica.

L'attività economica che questi Etruschi adriatici esercitano è un'attività economica di carattere produttivo (ceramica alto-adriatica), e soprattutto commerciale; quest'ultima finisce per sfociare nella pirateria, ricordata anche, sia pure indirettamente, da altre testimonianze. Va ricordato al riguardo il decreto ateniese del 325 a.C., nel quale si prevede di inviare una colonia in adriatico per affrontare e cercare di risolvere i pericoli di una pirateria tirrenica sempre più vivace e disturbante. Non ha importanza se questo decreto sia stato messo in atto e la colonia sia stata veramente dedotta, ma è comunque significativo il fatto che Atene si preoccupi di una pirateria etrusca attiva in età tarda, dietro la quale vanno visti sicuramente gli Etruschi di Spina, oltre che di Adria, Ravenna e Rimini che qui cercano di sopravvivere allo scardinamento e alla perdita del loro entroterra agricolo di pianura, almeno fino alla prima metà del III secolo, cioè quasi alle soglie della romanizzazione. Il decreto è inoltre la prova di un interesse ateniese verso l'alto Adriatico, ancora molto forte alla fine del IV e ancora determinato nel volere mantenere l'antica tradizione di un rapporto commerciale e culturale con gli Etruschi di area padana e con le altre popolazioni di questo segmento adriatico. Questa appendice di IV secolo e forse anche di III dimostra quanto fossero solidi i rapporti di questa fascia adriatica col mondo greco.

Credo e spero di avere attirato la vostra attenzione su un quadro articolato di monumenti e aspetti ellenizzanti che caratterizzano la cultura e la vita di tutta l'Etruria Padana, diversificandola notevolmente, sotto questo aspetto, dall'Etruria tir-

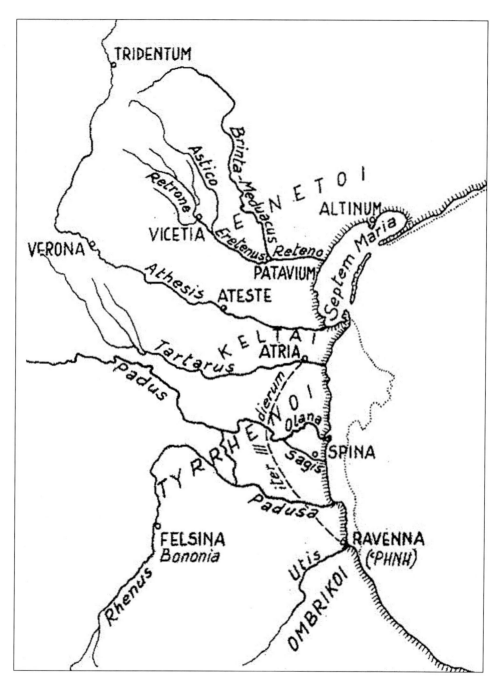

Fig. 15 – La sequenza dei popoli italici lungo la costa dell'alto Adriatico nel portolano dello Pseudo-Scilace secondo la ricostruzione di A. Peretti (A. Peretti, *Il periplo di Scilace: studio sul primo portolano del Mediterraneo*, Pisa 1979, p. 203, g. 10).

renica. Si tratta di peculiarità tutte padane che dipendono ovviamente dal rapporto privilegiato che c'era fra quest'area e il mondo greco attraverso il porto di Spina. È chiaro infatti che questo 'vento ellenico' che soffia verso occidente può arrivare nel cuore dell'Etruria Padana solo grazie alla mediazione di Spina e del suo porto. Stando così le cose risulta pienamente giustificato l'epiteto di *polis hellenis* che viene dato alla città da Strabone e dallo Pseudo-Scilace. «Città greca» non in senso etnico; «città greca» non certo, o comunque non solo, per la grande quantità di ceramica attica che vi veniva importata anche se l'epiteto potrebbe comunque riferirsi alla piena accessibilità commerciale da parte dei Greci ed essere quindi una indicazione pratica relativa alla navigazione e agli approdi; «città greca» non certo, o comunque non solo, con una allusione alla sua lontana e antica origine pelasgica; ma «città greca» nel senso di città in cui «si viveva entro certi margini alla greca, dove i Greci potevano essere bene accolti e parlare la propria lingua» (G.A. Mansuelli). E a questo punto aggiungerei «città greca» nel senso di città dove qualcosa di peculiarmente ellenico era penetrato a fondo nel prevalente sostrato culturale ed etnico che era sicuramente etrusco.

E forse non è un caso che tracce di queste valutazioni si trovino già nella tradizione storica antica. Diodoro (X, IV, 113, 2) parlando degli Etruschi della Valle del Po riferisce che alcuni li considerano una emanazione degli Etruschi di area tirrenica, mentre altri li fanno discendere direttamente dai Pelasgi. Questi ultimi, come è ben noto da un racconto da Ellanico (in Dion. Halic. I, 28, 3), cacciati dalla Tessaglia sarebbero sbarcati a Spina dove avrebbero costruito una città con tanto di mura e da dove sarebbero poi partiti verso sud e verso l'Etruria in una lunga marcia nel corso della quale a Cortona (*metropolis*, cioè città madre degli Etruschi) si sarebbero accorti di una loro diversa identità e avrebbero preso il nome di Etruschi. Questo racconto di un lungo viaggio nel corso del quale si valicò l'Appennino ha tutto l'aspetto di una bellissima metafora per indicare un lungo processo di formazione dell'*ethnos* per cui un popolo si accorge di essere qualcosa di diverso da quello che era all'origine dopo aver attraversato tante terre e dopo essere entrato in contatto con tante genti e con tante realtà diverse. Ma al di là di questo aspetto che va a toccare in un certo senso anche l'annoso problema delle 'origini etrusche', va sottolineata, rispetto al tema del nostro incontro, questa insistenza da parte della tradizione storica sull'origine 'pelasgica' degli Etruschi di area padana, insistenza che sembra volere mettere l'accento sulla loro diversità rispetto agli altri Etruschi, quasi a sottolineare che in un'ottica greca sono entrambi 'barbari', ma lo sono in modo diverso perché diverso è il loro rapporto con il mondo greco. E allora credo che ancora una volta ci possano aiutare in fase conclusiva alcune osservazioni secondo le quali sia il racconto di Ellanico che la testimonianza di Diodoro lasciano chiaramente trasparire «il concetto della parentela/diversità fra gli Etruschi padani e quelli tirrenici: barbari entrambi, ma i primi (cioè gli Etruschi padani) in qualche misura meno etruschi e più greci (pelasgi) perché di fatto nel V secolo più aperti alla frequentazione e alla cultura greca» (G. Colonna). I monumenti, le iconografie, i temi, le ideologie e gli aspetti culturali che ho cercato di isolare nel corso della mia chiacchierata vanno tutti coerentemente in questa direzione. E quando una documentazione archeologica, così ricca e puntuale, si trova in perfetta sintonia con alcune brevi, ma sottili annotazioni della tradizione storica credo ci siano tutti gli elementi per dare maggiore solidità e maggior conforto all'ipotesi interpretativa che vi ho proposto e che ci consente di penetrare più a fondo nella vita, nella cultura, nell'arte e anche nell'ideologia degli Etruschi della Valle del Po, e di quelli di Spina in particolare, così strettamente legati al mondo greco e ad Atene.

Nota bibliografica

In accordo con gli organizzatori ho preferito non corredare il testo con note puntuali, ma completarlo con una nota bibliografica nella quale ho inserito i riferimenti essenziali, ovviamente senza alcuna pretesa di completezza, sui principali punti trattati nel corso della mia conferenza.

Per un quadro generale dell'Etruria Padana e della sua evoluzione storica:

SASSATELLI 1990 = G. SASSATELLI, *La situazione in Etruria Padana*, in AttiConv *Crise et transformation de sociétés archaïque de l'Italie antique au Ve siècle av. J.-C. (Rome 1987)*, Roma 1990, pp. 51-100.

SASSATELLI 2008 = G. SASSATELLI, *Gli Etruschi nella Valle del Po. Riflessioni, problemi e prospettive di ricerca*, in AttiConv *La colonizzazione etrusca in Italia, XV Convegno Internazionale di Studi sulla Storia e l'Archeologia dell'Etruria (Orvieto 2007)*, Roma 2008, pp. 71-114.

Sulla presenza di stranieri e sul carattere misto della popolazione nelle città etrusche di area padana:

SASSATELLI 2013 = G. SASSATELLI, *Etruschi, Veneti e Celti. Relazioni culturali e mobilità individuale*, in AttiConv *Mobilità geografica e mercenariato nell'Italia preromana, XX Convegno Internazionale di Studi sulla Storia e l'Archeologia dell'Etruria (Orvieto 2012)*, Roma 2013, pp. 397-427.

Sul problema del rapporto tra Etruschi e Greci in area padana sul piano commerciale e culturale:

SASSATELLI 2014 = G. SASSATELLI, *La Bologna etrusca tra Grecia ed Etruria*, in Cat-

Mostra *Il viaggio oltre la vita. Gli Etruschi e l'Aldilà tra capolavori e realtà virtuale (Bologna 2014-2015)*, Bologna 2014, pp. 99-109, con altri riferimenti.

Sugli Etruschi in area adriatica:

SASSATELLI 1999 = G. SASSATELLI, *Spina e gli Etruschi Padani*, in AttiConv *La Dalmazia e l'altra sponda. Problemi di Archaiologìa adriatica (Venezia 1996)*, Firenze 1999, pp. 71-107;

HARARI 2000 = M. HARARI, *Gli Etruschi del Po*, Pavia 2000.

Su Adria e sul suo territorio:

BONOMI – CAMERIN – TAMASSIA 2002 = S. BONOMI – N. CAMERIN – K. TAMASSIA, *Etruschi Adriati. Guida breve all'esposizione*, Adria 2002.

BONOMI 2003 = S. BONOMI, *Recenti rinvenimenti archeologici nell'alto Adriatico tra VII e IV sec. a.C.: nuovi dati*, in AttiConv *L'archeologia dell'Adriatico dalla Preistoria al Medioevo (Ravenna 2001)*, Firenze 2003, pp. 140-145.

GAUCCI 2015 = A. GAUCCI, *Organizzazione degli spazi funerari a Spina e in area deltizia con particolare riguardo al periodo tardo-arcaico*, in AttiConv *La delimitazione dello spazio funerario in Italia dalla protostoria all'età arcaica: recinti, circoli, tumuli, XXII Convegno Internazionale di Studi sulla Storia e l'Archeologia dell'Etruria (Orvieto 2014)*, Roma 2015, in particolare pp. 113-170.

Su Spina:

Spina 1993 = CatMostra *Spina. Storia di una città fra Greci ed Etruschi (Ferrara 1993-1994)*, a cura di G.P. Guzzo e F. Berti, Ferrara 1993.

BERTI – HARARI 2004 = F. BERTI, M. HARARI, *Spina tra archeologia e storia*, Ferrara 2004.

SASSATELLI 2004 = G. SASSATELLI, *Gli Etruschi di Spina e la pirateria adriatica*, in *Hesperìa*, 19, 2004, pp. 21-30.

Per la variegata composizione etnica degli abitanti di Spina desunta dalla documentazione epigrafica:

COLONNA 1993 = G. COLONNA, *La società spinetica e gli altri ethne*, in *Spina* 1993, pp. 131-143.

Sul commercio in Adriatico e sulle merci che vi circolavano:

COLONNA 2003 = G. COLONNA, *L'Adriatico tra VIII e inizio V secolo a.C. con particolare riguardo al ruolo di Adria*, in AttiConv *L'archeologia dell'Adriatico dalla Preistoria al Medioevo (Ravenna 2001)*, Firenze 2003, pp. 146-175.

SASSATELLI 1993 = G. SASSATELLI, *La funzione economica e produttiva: merci, scambi, artigianato*, in *Spina* 1993, pp. 179-217.

Su Dedalo:

SASSATELLI 1989-1990 = G. SASSATELLI, *Culti e riti in Etruria Padana: qualche considerazione*, in AttiConv Anathema: *regime delle offerte e vita dei santuari nel Mediterraneo Antico (Roma 1989)*, «Scienze dell'Antichità. Storia Archeologia Antropologia» 3-4, 1989-1990 (1992), pp. 599-617.

SASSATELLI 1993 = G. SASSATELLI, *Spina nelle immagini etrusche. Eracle, Dedalo e il problema dell'acqua*, in *Spina* 1993, pp. 115-128.

Sul candelabro con Enea e Anchise:

SASSATELLI 1987 = G. SASSATELLI, *Un "nuovo" candelabro etrusco da Spina. Aspetti ellenizzanti nella cultura dell'Etruria Padana*, in AttiConv *Celti ed Etruschi nell'Italia centro-settentrionale dal V secolo a.C. alla romanizzazione (Bologna 1985)*, Bologna 1987, pp. 61-83.

Sul problema della Spina tarda e della presenza etrusca in questa fascia adriatica:

SASSATELLI 1999 = G. SASSATELLI, *Spina e gli Etruschi Padani*, in AttiConv *La Dalmazia e l'altra sponda. Problemi di Archaiologìa adriatica (Venezia 1996)*, Firenze 1999, pp. 71-107.

GOVI 2006 = E. GOVI, *L'"ultima" Spina. Riflessioni sulla tarda etruscità adriatica*, in AttiConv *Rimini e l'Adriatico nell'età delle guerre puniche (Rimini 2004)*, Bologna 2006, pp. 111-136.

GAUCCI 2016 = A. GAUCCI, *La fine di Adria e Spina etrusche*, in AttiConv *Il mondo etrusco e il mondo italico di ambito settentrionale prima dell'impatto con Roma (IV-II secolo a.C.) (Bologna 2013)*, a cura di E. Govi, Roma 2016, pp. 171-221.

ABSTRACT

The first part of the contribution deals with the main issues concerning the presence of Etruscans in the Po Valley and the related historical and economic dynamics. In the second part we deepen the presence of the Etruscans in the sites of Adria and Spina, highlighting their very special relationship with the Greek world and in particular with Athens. From Athens precious goods arrived on the Adriatic coast but also important artistic and cultural stimuli that deeply influenced the life of these two cities. Finally, the strong connection of Spina and Adria with the Greek world, that emerges from the archaeological evidence, is reflected in the historical tradition that insists on the Pelasgian origin of the Etruscans of the Po Valley, which underlines their identity, "less barbaric" compared to the other Etruscans because more closely linked to the Greek culture.

ALTINO E IL SUO SANTUARIO:
L'EMPORIO ADRIATICO DEI VENETI

Margherita Tirelli

L'insediamento di Altino si localizza lungo il margine settentrionale della laguna veneta, all'interno di un comparto territoriale racchiuso da canali e corsi fluviali, il Sile a nord, lo Zero a ovest, il canale Santa Maria a sud. Furono proprio queste vie d'acqua i vettori che fino dalle origini ne determinarono la fisionomia mercantile e lo sviluppo economico, collegando Altino da un lato, attraverso il Sile, alla valle del Piave e ai valichi alpini e dall'altro, attraverso gli scali lagunari, alle rotte adriatiche ed egee. Quel particolare ambiente anfibio, percorso da canali e frastagliato da paludi e barene, che a tutt'oggi caratterizza la fascia di confine tra terraferma e specchi lagunari, costituì nei secoli lo scenario dell'evoluzione storica di Altino, dalla sua nascita attorno al X secolo a.C. fino all'abbandono definitivo della città nel VII secolo d.C., a coprire quindi tutto l'arco di vita del centro[1].

Il panorama che caratterizza l'Altino preromana si è profondamente trasformato a seguito del rinvenimento del santuario individuato in località Fornace, all'interno del cantiere dei due casoni ottocenteschi acquisiti dal Ministero per ospitare la nuova sede del Museo Archeologico Nazionale. Nel decennio compreso tra il 1997 e il 2007 è stata condotta, pur con un'inevitabile frammentazione degli interventi, l'indagine archeologica che avrebbe rivoluzionato la fisionomia dell'insediamento lagunare, dilatandone significativamente la dimensione cronologica. Lo scavo si è rivelato particolarmente complesso, non solo per l'ampiezza dell'area, ma soprattutto a causa delle specifiche caratteristiche del deposito archeologico, affiorante a

---

[1] Per un panorama generale si rimanda a *Altino antica* 2011. Per una disamina delle fonti in relazione alla situazione geografica ed al ruolo economico-commerciale di Altino si veda CRESCI MARRONE 2015.

meno di 30 cm e compresso in 30-40 cm di stratigrafia, riferibile ad un lunghissimo arco cronologico, compreso tra la fine dell'età del bronzo e l'età tardoantica, quindi tra l'XI-X secolo a.C. ed il VI secolo d.C.[2]

L'indagine archeologica ha documentato per la prima volta ad Altino gli indizi materiali riferibili ad un insediamento del Bronzo finale, databili tra la fine dell'XI ed il X secolo a.C., retrodatando quindi di almeno tre secoli la nascita dell'abitato, che fino ad allora era fatta risalire al VII secolo a.C. Nei livelli stratigrafici sottostanti l'area occupata dai resti del santuario è venuta in luce infatti una tomba ad incinerazione, riferibile ad un individuo adulto di sesso femminile, contenuta in un'urna biconica chiusa da una scodella di copertura. La tipologia dell'urna, della scodella e dell'unico oggetto di corredo rinvenuto all'interno dell'ossuario, una fibula ad arco semplice con noduli, inquadrano la deposizione in un orizzonte di pieno Bronzo finale. Per quanto rimasta isolata, nonostante lo scavo sistematico condotto in tutta l'area indagabile, è tuttavia probabile che la tomba facesse originariamente parte di un nucleo di sepolture, anche alquanto distanziate reciprocamente l'una dall'altra, secondo un modello che trova altri riferimenti in area veneta[3].

Oltre alla tomba del Bronzo finale, la stratigrafia dello scavo Fornace, riferibile ai secoli precedenti la nascita del santuario, ha restituito ulteriori testimonianze della frequentazione dell'area nel corso dei primi secoli dell'età del ferro, fra cui in particolare i resti di un grande edificio a pianta rettangolare, suddiviso in due navate disuguali e dotato di un portico lungo il lato nord-occidentale[4]. L'edificio (*fig. 1*), cronologicamente inquadrabile tra la metà dell'VIII e gli inizi del VII secolo a.C., qualunque fosse la sua destinazione, pubblica o privata, risultava comunque ubicato, come lo sarebbe stato in seguito il santuario, in una posizione particolarmente strategica, venendo a costituire quasi un avamposto dell'abitato altinate per chi vi giungesse risalendo il corso del canale, dopo aver attraversato l'arcipelago settentrionale della laguna.

Successivamente, con il VII secolo a.C., l'insediamento risulta ubicato di poco a nord-ovest, nella sua sede storica, come documenta la stratigrafia sottostante i resti della città romana[5]. La ricchezza delle vie d'acqua, che ne segnavano i confini e ne suddividevano il centro, restituisce l'immagine di una città profondamente legata a questo elemento, esemplificazione perfetta della città-isola, secondo la nota citazione di Strabone[6]. I rinvenimenti archeologici consentono di ipotizzarne il perimetro delimitato da corsi d'acqua, oltre i quali trovavano posto le aree sacre e quelle funerarie, rispecchiando un modello topografico proprio anche di

---

[2] Ai risultati dello scavo è stato dedicato il V Convegno di Studi Altinati: Altnoi 2009.
[3] BIANCHIN CITTON 2009; BIANCHIN CITTON 2011.
[4] BIANCHIN CITTON 2009; GAMBACURTA 2011*a*.
[5] Per una sintesi aggiornata di Altino preromana si rimanda a GAMBACURTA 2011*b*.
[6] Strab. V 1, 5-7. 212-213.

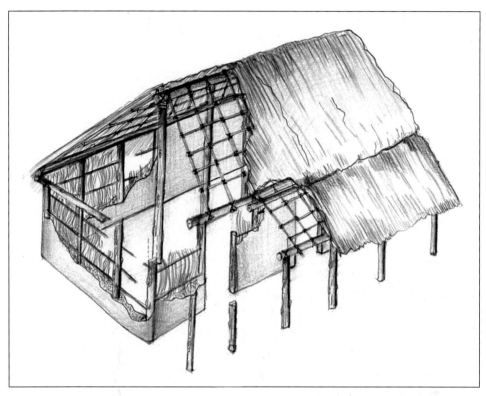

Fig. 1 – Altino, località Fornace. Proposta di ricostruzione dell'edificio con portico; metà VIII - prima metà VII secolo a.C. (disegno di S. Bernardi).

altri centri del Veneto preromano. Le due aree sacre, ubicate rispettivamente in località Maraschere e Fornace, si ponevano in posizione diametralmente opposta a nord e a sud dell'abitato. L'area dei sepolcreti copriva tutta la fascia settentrionale e ad ovest si estendeva fino all'argine sinistro del fiume Zero. Nel sepolcreto settentrionale è venuta in luce una trentina di sepolture di cavallo, alcuni dei quali deposti con una ricca bardatura, a testimonianza di un particolare rituale che, per quanto noto anche in altre necropoli venete, risulta testimoniato solo ad Altino con tale concentrazione di sepolture[7].

Con il VI secolo a.C. prende avvio il plurisecolare arco di vita del santuario dedicato alla divinità eponima *Altino*, il cui rinvenimento rappresenta la più importante novità che l'archeologia altinate abbia registrato nel corso degli ultimi decenni. Premesso che la planimetria dell'edificio risultò leggibile unicamente in negativo,

---

[7] Gambacurta 2003.

va sottolineato come in occasione di questo scavo si sia presentata per la prima volta nella storia dell'archeologia veneta la possibilità di indagare sistematicamente le labili strutture di un luogo di culto nelle sue molteplici trasformazioni, dalle origini al tramonto, e come proprio la strutturazione iniziale riflettesse un articolato e complesso sviluppo[8]. Le strutture e l'articolazione degli spazi dei santuari veneti risultano ricostruibili infatti solo in pochissime fortunate evenienze, in quanto la casualità dei rinvenimenti, la parzialità e la discontinuità degli interventi di scavo, i saccheggi intervenuti in passato ed il contesto ambientale talvolta estremamente critico ne hanno irreversibilmente compromesso l'indagine[9]. L'unico altro caso in parte ricostruibile, e quindi strettamente confrontabile con il nostro, è costituito dal santuario atestino di Meggiaro, anch'esso sottoposto ad indagini sistematiche in anni recenti[10].

L'ubicazione del luogo di culto altinate, situato lungo la sponda sinistra del canale Santa Maria, a poche centinaia di metri dalla foce in laguna (*fig. 2*), rimanda già di per sé esplicitamente alla funzione emporica del santuario, la cui posizione risulta strategica per il controllo dei flussi commerciali veicolati per via marittima e endolagunare. Il luogo di culto, per la sua specifica ubicazione, per le peculiarità rituali emerse e per la varietà dei numerosissimi materiali votivi rinvenuti, si impone quale uno dei principali santuari veneti di frontiera, proiettato verso rotte adriatiche e mediterranee.

Nella seconda metà del VI secolo a.C. l'area, che precedentemente era stata occupata dal grande edificio porticato, risulta sottoposta ad un intervento finalizzato a ridefinire la funzione di uno spazio che venne votato alla divinità. La nuova destinazione appare infatti sancita da una serie di azioni rituali la cui distribuzione, per quel che ne rimane, indizia l'ideale presa di possesso di un'area di almeno 1800 mq. Esito di questi primi interventi sono due zone con tracce di fuoco e una serie di depositi rituali, al cui interno sono stati rinvenuti resti vari di vasellame ceramico, quali una grande tazza monoansata, un'olletta-bicchiere, ed alcune olle, talvolta contenenti resti di porzioni animali. Le due aree a fuoco per la peculiarità della relativa stratigrafia, ricca di tracce di carboni, cenere e ossa animali, sono state interpretate come due altari di ceneri.

Tra i molteplici resti strutturali riportati in luce dallo scavo, la documentazione relativa al primo impianto si profila sicuramente tra le più rilevanti. L'edificio, eretto sullo scorcio del VI secolo a.C. in corrispondenza di un dosso sabbioso, presentava planimetria rettangolare di 20 x 12 m, come suggeriva la disposizione di quaranta buche di palo talvolta collegate da alloggiamenti per elementi lignei, pro-

---

[8] CAPUIS – GAMBACURTA – TIRELLI 2009.
[9] GAMBACURTA 2013; TIRELLI 2013*a*.
[10] *Este preromana* 2002, pp. 127-231.

Fig. 2 – Altino, planimetria; VIII - IV secolo a.C. Il santuario è contrassegnato dal nr. 1. (elaborazione di A. Paveggio).

Fig. 3 – Altino, località Fornace. Proposta di ricostruzione del santuario agli inizi del V secolo a.C. (disegno di E. De Poli).

babili transennature interposte tra gli intercolumni. La struttura doveva tradursi in elevato in un portico, articolato attorno ad uno spazio scoperto (*fig. 3*). Alcune anomalie simmetricamente riscontrabili nel ritmo delle buche evocano la presenza di un settore di ingresso al centro dei lati lunghi e di due piccoli ambienti sporgenti al centro di quelli brevi. La destinazione rituale della corte centrale risulta documentata significativamente dai resti pluristratificati di due ampi roghi, rinvenuti in corrispondenza delle due celle, connotati dall'alternanza di piani scottati e di spesse coltri di cenere, interpretabili come altari di ceneri. All'esterno della piattaforma sabbiosa vennero individuati depositi rituali, votivi ed alcune fosse di scarico al cui interno erano stati reiteratamente deposti i resti dei sacrifici e volontariamente occultati gli ex voto offerti alla divinità, una volta rimossi dalla collocazione primaria, mentre lungo il lato orientale dell'edificio si rinvennero i resti del piano stradale riferibile ad un percorso di collegamento tra la città e lo scalo fluviale.

Il complesso santuariale risulta sottoposto nel suo lungo arco di vita ad una serie di riedificazioni, documentate dalle tracce di interventi strutturali che sembrano succedersi ciclicamente, ampliandone progressivamente le proporzioni fino a raggiungere dimensioni considerevoli nell'ambito del I secolo a.C., in piena età di romanizzazione[11]. Caratteristica comune alle successive strutture sembra essere, oltre al rispetto del medesimo orientamento, la presenza costante di un'estesa area cortilizia centrale, dotata nell'edificio di I secolo a.C. di un ampio porticato. Singolare risulta inoltre, nell'ambito dei progressivi ampliamenti, la scelta di mantenere inalterato il limite meridionale del complesso, che appare pertanto significativamente ribadito nell'ingombro e nell'orientamento nel corso per lo meno di cinque secoli. A tale limite si allinea esternamente un percorso pavimentato, quasi una sorta di camminamento rituale, interposto tra l'edificio di culto e le aree meridionali di scarico, anch'esso ciclicamente ristrutturato per un lungo arco temporale.

Evidenze riconducibili con ogni probabilità a rituali legati a cerimonie di fondazione sono ravvisabili in alcuni contesti rinvenuti all'interno dei tagli delle successive murature del complesso. Particolarmente significativa risulta la deposizione di una mandibola equina all'interno di una delle fondazioni murarie pertinenti all'impianto inquadrabile tra III e II secolo a.C. Altrettanto significativo appare il rinvenimento, all'interno di una delle fosse votive, di un'altra mandibola equina, in questo caso associata ad un bronzetto di cavallo che sembra rinviare a specifiche azioni cerimoniali.

La conoscenza del nome della divinità destinataria del culto rappresenta forse la più importante novità emersa dallo scavo. Le ben trentacinque dediche venetiche restituiscono infatti già dalla fine del VI secolo a.C. il teonimo, di genere maschile, documentato sia nella forma *Altino* che *Altno*[12]. La corrispondenza quindi con il nome del sito stesso, già noto dalle fonti latine come *Altinum*, è pressoché totale. Tra le diverse attestazioni epigrafiche del teonimo *Altino/Altno*, accuratamente preservate su frammenti vascolari fittili, anche di ceramica attica, e bronzei, frutto di intenzionali frammentazioni, risulta eccezionale l'iscrizione incisa sull'orlo di un lebete (*fig. 4*), che sembra interpretabile come il primo testo rituale dell'intero *corpus* epigrafico venetico: *donasto Altinom sainatim eni prekei datai*, donò ad *Altino Sainati* nella preghiera data[13]. L'epiteto *Sainati*, attributo riferito anche ad altre divinità del pantheon veneto, secondo una recente interpretazione, qualifica la divinità come 'propria del luogo' o in altri termini come 'poliade'[14].

---

[11] CRESCI MARRONE – TIRELLI 2016.
[12] MARINETTI 2009; MARINETTI 2011.
[13] MARINETTI 2013.
[14] MARINETTI – PROSDOCIMI 2006.

Fig. 4 – Altino, Museo Archeologico Nazionale. Orlo di lebete in bronzo con iscrizione votiva; fine VI-V secolo a.C. (Archivio MANA).

Risulta evidente la volontà della popolazione maschile di autorappresentarsi prevalentemente in armi. Per quanto riguarda i guerrieri a cavallo, che appaiono nel complesso decisamente in minoranza, ai bronzetti di cavaliere si affiancano alcune eccezionali lamine[15] (*fig. 5*). Innumerevoli sono oramai le lamine con la raffigurazione di opliti armati di elmo con alto cimiero, grande scudo circolare e una o due lance, singoli o in teorie, le prime strettamente confrontabili con esemplari atestini[16], anche se con qualche eccezione, come nel caso dell'esemplare con l'oplita suonatore di corno[17] di cui sono eccezionalmente descritti gli spallacci della corazza. Tra le altre spicca quella con la teoria di opliti armati di un raro scudo ovale[18] che trova riferimenti all'esterno del Veneto.

Agli opliti raffigurati sulle lamine fanno eco i numerosi bronzetti di devoti-guerrieri in riposo ed in assalto, nudi e schematici, resi secondo un modello comune ad altri depositi votivi veneti[19]. A questi esemplari di produzione locale si affianca un nucleo di bronzetti di guerrieri in assalto in armamento celtico, connotati da elmo con apice a bottone ed in un caso anche da una collana in filo d'argento[20] ed un bronzetto di guerriero offerente riproducente Marte armato[21]. Alla sfera militare allude inoltre

---

[15] GAMBACURTA 2002, nr. 12; TIRELLI 2013*b*.
[16] GAMBACURTA 2002, nr. 7.
[17] GAMBACURTA 2002, nr. 8.
[18] GAMBACURTA 2002, nr. 11.
[19] TIRELLI 2002, fig. 3, c-d.
[20] TIRELLI 2002, fig. 4, a-c; fig. 5 a-c.
[21] TIRELLI 2002, fig. 3, e.

significativamente un'intera categoria di votivi riproducenti elementi miniaturizzati della panoplia, quali in particolare spade, lance e lamine decorate a sbalzo a forma di scudo.

Raffigurazioni di devoti-offerenti e di devoti-oranti[22] si affiancano alle immagini di devoti-guerrieri, a conferma che la scelta formale di autorappresentazione della componente maschile dei frequentatori del santuario non si limitava a fissarne esclusivamente l'aspetto guerriero.

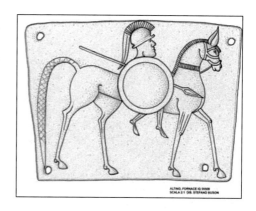

Fig. 5 – Lamina con cavaliere (disegno di S. Buson).

All'arrivo di Etruschi provenienti dagli empori padani di Adria e Spina sembra logico attribuire la presenza nel santuario altinate, accanto alla ceramica attica, di bronzi di importazione dall'area etrusca, in particolare etrusco-padana, anche di notevole pregio, databili a partire dalla fine del VI secolo a.C.[23] L'esemplare più antico è rappresentato da una testa di *kouros* (*fig. 6*) che da una ricostruzione ipotetica risulta pertinente ad un bronzetto alto circa 30 cm[24]. Tre esemplari di bronzetti di devoto tipo Marzabotto[25], ampiamente diffusi nei santuari dell'Etruria padana, riflettono eloquentemente tappe e percorsi delle rotte marittime ed endolagunari che dagli empori di Spina ed Adria risalivano l'Adriatico nel V secolo a.C. Ad essi si affiancano due esemplari di grande qualità

Fig. 6 – Altino, Museo Archeologico Nazionale. Testa di *kouros*. Fine VI secolo a.C. (Archivio MANA).

formale, doni votivi di altissimo pregio, un bronzetto riproducente un personaggio maschile disteso su *kline* con patera nella destra[26] (*fig. 7*) e l'ormai noto Paride arciere[27], assolutamente privo di confronti nel panorama locale (*fig. 8*).

---

[22] TIRELLI 2002, fig. 3, a-b.
[23] TIRELLI 2005; CAPUIS – CHIECO BIANCHI 2009; TIRELLI 2011.
[24] TIRELLI 2011, fig. 8.1.
[25] TIRELLI 2013*c*.
[26] TIRELLI 2011, fig. 8.3.
[27] TIRELLI 2005, pp. 309-313; TIRELLI 2013*d*.

Fig. 7 – Altino, Museo Archeologico Nazionale Bronzetto di devoto libante su *kline*; V secolo a.C. (Archivio MANA).

Fig. 8 – Altino, Museo Archeologico Nazionale. Bronzetto di Paride arciere; prima metà V secolo a.C. (Archivio MANA).

Il bronzetto di Paride, raffigurato in sontuosa veste di arciere intento ad incordare l'arco, costituiva in origine la presa di un coperchio di cista o la decorazione di un bacile, come suggeriscono i tenoni forati presenti sotto i piedi e le tracce di usura rilevabili sulle spalle, e solo in seguito, secondo un uso che trova numerosi precedenti, riutilizzato singolarmente come ex-voto.

Il dono nel santuario lagunare di quest'immagine-simbolo del mito troiano viene ad aprire nuove ed inaspettate prospettive nel panorama indigeno, in quanto documenta l'immissione dell'epopea troiana già nel corso del V secolo a.C., proprio quando, grazie ad una perduta tragedia di Sofocle, sappiamo prendere l'avvio quel processo culturale teso ad attribuire una genealogia troiana al popolo veneto, che amava autodefinirsi discendente da Antenore[28].

[28] Una recentissima riconsiderazione dell'intera questione è in BRACCESI 2015, cui si rimanda anche per la sintesi bibliografica dei fondamentali numerosi interventi dello studioso sull'argomento. Si veda anche GAMBACURTA 2011c per una nuova originale proposta interpretativa.

La compagine femminile dei devoti ci ha tramandato, non certo casualmente, nell'ambito della piccola plastica votiva, un unico esemplare, un bronzetto di donnina completamente avvolta nel suo ampio mantello[29], a fronte di una nutrita schiera, come vedemmo, di rappresentanti della popolazione maschile. Numerose sono per contro sulle lamine le raffigurazioni femminili, isolate o inserite in teorie di più personaggi, colti nell'atto di sfilare in processione o di adempiere a cerimonie di carattere collettivo. L'abbigliamento è quello tipico delle donne venete: veste corta e svasata con orlo riccamente decorato, stivali, cinturone a losanga, ampio mantello portato in avanti ad ombreggiare la fronte. Unica la lamina con la donna che sembra eccezionalmente vestire brache quadrettate al di sotto della gonna svasata, abbinate ad un singolare mantello a due punte[30] (*fig. 9*).

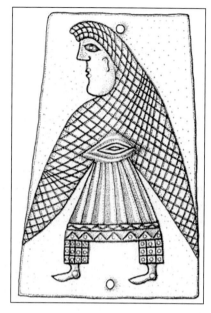

Fig. 9 – Lamina con donna (disegno di S. Buson).

Si è già accennato alla grande varietà di categorie di votivi, che si caricano di significati simbolici e rituali che spesso ci sfuggono: fibule, anelli, astucci, dischi decorati, chiodi, ami, punteruoli, monete, tra cui si contano le più antiche attestazioni numismatiche rinvenute ad Altino[31], ed infine lamine, in enorme quantità, di forme e dimensioni diverse. Doni votivi sono anche gli strumenti ed il vasellame stesso del sacrificio, in dimensione reale o miniaturistica, quali coltelli, porzioni di situle, manici delle stesse, spiedi, cui fanno riscontro bronzetti di animali, tori e cavalli, figure sostitutive della vittima reale.

Di particolare rilevanza appare inoltre la presenza di alcuni esemplari di plastica votiva fittile di produzione magno-greca, un *pinax* frammentario, un frammento forse di arula, una statuetta femminile in trono, a documentare specifici legami commerciali[32].

Nell'ambito della ceramica di produzione locale, si distingue una particolare tipologia di olla[33] che risulta propria del santuario, mentre è documentata la presenza di ceramica attica a figure rosse e a vernice nera[34], quasi esclusivamente frammenti

---

[29] CAPUIS – CHIECO BIANCHI 2009, p. 173, b.
[30] SALERNO 2009, p. 171, h.
[31] ASOLATI 1999, pp. 145-146.
[32] SAINATI 2009.
[33] *Altino antica* 2011, fig. 6.2, p. 67.
[34] BONOMI 2003.

di *skyphoi, kantharoi* e *kylikes*, tutti vasi quindi per bere, funzionali a cerimonie di libagione. Ceramica locale e ceramica di importazione si presentano pressoché invariabilmente minutamente frammentate secondo una pratica rituale ampiamente documentata, che prevede la frammentazione e la dispersione dei resti dell'offerta.

L'analisi dei resti ossei animali[35] ha dimostrato come pecore e capre siano le vittime maggiormente rappresentate, in particolare animali sotto l'anno di età, tra cui molti agnelli inferiori ai sei mesi. Seguono in percentuale i maiali, quasi esclusivamente esemplari giovani, mentre la presenza di almeno tre o quattro feti a termine starebbe ad indicare anche il sacrificio di scrofe gravide, offerta rituale che affonda le sue radici nella cultura italica e che sembra trovare ora riscontro anche in area veneta. I resti ossei di uccelli, in particolare di ambiente palustre, e di molluschi marini si legano significativamente all'habitat lagunare locale.

In una fossa, apprestata ai margini dell'area sacra, sono venuti in luce i resti di sacrifici di buoi, pecore e maiali, a documentare una cerimonia simile al *suovetaurilia* di tradizione italica, a cui si associano in numero prevalente porzioni scheletriche di cavalli, dei quali erano state selettivamente offerte le teste, nel corso di cerimonie probabilmente reiterate tra il tardo V e il IV secolo a.C.[36]

È questo il primo caso, nell'ambito dei santuari veneti, in cui si rinvenga diretta testimonianza di sacrifici equini, a significativo riscontro di quanto tramandato da Strabone[37] circa il culto dei cavalli presso i Veneti e l'uso degli stessi di sacrificare un cavallo bianco in onore di Diomede[38]. Ribadisce e conferma un ruolo centrale di questo animale nel culto l'offerta di bronzetti votivi raffiguranti cavalli, tra cui si distingue un naturalistico esemplare, verisimilmente di produzione greca (*fig. 10*), raffigurante un destriero al passo, con la criniera appena accennata e la lunga coda infilata tra le zampe posteriori[39]. Il bronzetto, intenzionalmente privato della testa e dell'estremità delle zampe che risultano segate, era stato significativamente deposto, come già anticipato, unitamente ad una mandibola equina, a sigillare il momento conclusivo di utilizzo di un deposito rituale, allusione simbolica a quelle pratiche liturgiche connesse a sacrifici equini, che sembrano ritmare per tutto il lungo arco di vita l'evoluzione del santuario altinate.

All'evidenza del cospicuo deposito sacrificale di V-IV secolo a.C., si accompagnano infatti altri significativi indizi, distribuiti all'interno di un ampio arco cronologico, che rimandano ugualmente a pratiche rituali connesse a sacrifici equini, quali le mandibole deposte a sancire la sacralità di una fondazione in età ellenistica

---

[35] FIORE – TAGLIACOZZO 2001; FIORE – TAGLIACOZZO 2009.
[36] FIORE – SALERNO – TAGLIACOZZO 2009.
[37] Strab. V 1, 9.
[38] A questo proposito si segnala in particolare PROSDOCIMI 2003.
[39] TIRELLI 2011, p. 70, fig. 8.5.

Fig. 10 – Altino, Museo Archeologico Nazionale. Bronzetto di cavallo; V secolo a.C. (Archivio MANA).

e la deposizione di una mandibola equina, protetta da una teca di embrici, nell'ambito di un ulteriore rito di fondazione in piena epoca romana[40].

La peculiarità intrinseca di tali rinvenimenti, cui si aggiunge l'alto numero, non altrimenti documentato in area veneta, di sepolture equine messe in luce all'interno delle necropoli preromane altinati, indirizza al ruolo rivestito da Altino, il principale porto veneto destinato all'esportazione dei cavalli, la merce indigena più pregiata, ripetutamente ricordata dalle fonti che descrivono i Veneti come allevatori di cavalli di razza, molto apprezzati dai Greci[41].

Infine un'ultima osservazione conclusiva. Agli estremi della vita del santuario preromano si collocano due testi epigrafici, in lingua ed alfabeto venetico, entrambi ad esprimere un dono, entrambi a menzionare un committente esplicitamente designato con l'etnico 'etrusco', che sembrano evocare un ruolo forse specifico per il santuario altinate nell'ambito dello svolgimento e della tutela dei processi di integrazione.

Alla fine del VI secolo a.C., contemporaneamente quindi alla costruzione del

---

[40] Cipriano – Tirelli 2009, p. 69.

[41] Omero (*Il.* II 852) e Alcmane (fr. 1, 45-54; 172 = Voltan 1989, 4-5) decantano i cavalli veneti, Euripide (Hipp. 231= Voltan 1989, 32) ricorda che cavalli veneti portarono alla vittoria Leonte di Sparta nella 85ª Olimpiade del 440 a.C., Strabone (V 1, 4) riferisce come tali animali eccellessero per velocità, tanto che Dionisio il Vecchio, tiranno di Siracusa, risalì nel IV secolo a.C. l'Adriatico per approvvigionare il proprio allevamento di cavalli veneti.

Fig. 11 – Altino, Museo Archeologico Nazionale. Barretta in bronzo con dedica di un 'patavino'; VI secolo a.C. (Archivio MANA).

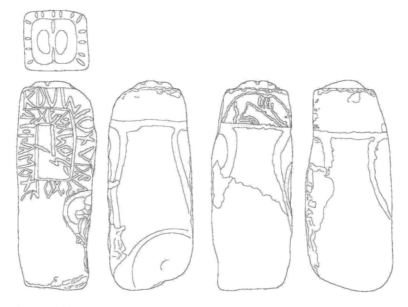

Fig. 12 – Il cippo del lupo; III-II secolo a.C. (disegno di S. Tinazzo).

più antico luogo di culto e all'arrivo di Etruschi, provenienti dagli empori di Adria e Spina, un'iscrizione venetica, incisa su di una barretta di bronzo, verisimilmente relativa ad un donario (*fig. 11*), nomina *Volties Tursanis Patavnos*, *Volties* l'Etrusco di Padova, un etrusco quindi, forse di seconda generazione, ormai inserito a pieno titolo nella comunità patavina[42]. Tra III e II secolo a.C. un testo inciso su un cippo/ donario lapideo (*fig. 12*) cita *Krumio Turens*, *Krumio* l'Etrusco, un altro immigrato

---

[42] MAGGIANI 2008; MARINETTI 2009*b*.

dall'Etruria, anch'egli ormai integrato nella società veneta[43]. Il cippo reca su una faccia l'iscrizione che si dispiega con andamento spiraliforme, mentre la sagoma di un altare campisce le altre tre facce. Sulla sommità dell'altare, nel lato opposto dell'iscrizione, campeggia l'immagine di un lupo. Secondo una possibile e suggestiva interpretazione, magistralmente avanzata da Aldo Prosdocimi, la figura del lupo, che si ripete su altri due doni votivi offerti nel santuario altinate, starebbe a simboleggiare la condizione dello straniero che, per inserirsi a pieno titolo nella società veneta, ha necessità di una figura istituzionale di riferimento che se ne faccia garante, venendo così ad adombrare la metafora sottesa nel celeberrimo passo diomedeo di Strabone[44]. La vicenda, che costituisce uno dei rarissimi riferimenti presenti nelle fonti in relazione alla cultura dei Veneti, venne desunta da Strabone dallo storico magnogreco Timeo di Tauromenio e riferita ai santuari veneti perilagunari dell'alto Adriatico, frequentati nel III secolo a.C. da mercanti greci[45]. All'interno di tali santuari emporici, ed Altino era certamente uno, e forse il maggiore, di questi, dovevano risultare infatti all'epoca ancora operativi quei meccanismi giuridico-istituzionali adombrati dalla leggenda straboniana, che attribuivano ai santuari stessi la prerogativa di luoghi della mediazione in cui si incontravano diverse etnie, di asili che garantivano l'inviolabilità a persone e cose, e di entità giuridiche al cui interno operava ancora la figura istituzionale del mallevadore a garanzia dello straniero, evocato dall'immagine del lupo altinate[46].

---

[43] Marinetti – Prosdocimi – Tirelli 2013.

[44] Strab. V 1-9: «Sono un fatto accertato invece gli onori resi a Diomede presso i Veneti. Gli si sacrifica infatti un cavallo bianco e si mostrano due boschi sacri l'uno ad Era Argiva, l'altro ad Artemide Etolia. Si favoleggia poi, come è ovvio, che in questi boschi le fiere diventino domestiche, che i cervi vivano in branco con i lupi, lasciandosi avvicinare ed accarezzare dagli uomini, che la selvaggina inseguita dai cani, non appena rifugiatasi qui, si salva dall'inseguimento. Si racconta anche che uno dei maggiorenti del luogo, conosciuto perché amava offrirsi come garante e per questo deriso, incontrò dei cacciatori che avevano preso in trappola un lupo. Costoro, per scherzo gli promisero che, se dava garanzia per il lupo e pagava il prezzo dei danni che poteva fare, lo avrebbero liberato dai lacci ed egli acconsentì. Il lupo liberato, si imbatté in un gruppo di cavalle non marchiate e le spinse verso la scuderia del suo garante; questi, sensibile a una tale prova di riconoscenza, marchiò le cavalle con un lupo e le chiamò licofore, bestie più rinomate per velocità che per bellezza. I suoi discendenti conservarono il marchio e il nome di questa razza di cavalli e si fecero come legge di non vendere all'estero neppure una giumenta, per mantenere solo per sé la razza autentica, dato che là questo allevamento era diventato famoso» (trad. it. Voltan 1989, p. 375).

[45] Una sintesi bibliografica sul tema è in Cresci Marrone – Tirelli 2016, nota 40.

[46] Sull'argomento anche Tirelli 2014.

Bibliografia

Altino antica 2011 = *Altino antica. Dai Veneti a Venezia*, a cura di M. Tirelli, Venezia 2011.

Altnoi 2009 = AttiConv Altnoi. *Il santuario altinate: Strutture del sacro a confronto e i luoghi di culto lungo la via Annia (Venezia 2006)*, a cura di G. Cresci Marrone e M. Tirelli, Roma 2011.

ASOLATI 1999 = M. ASOLATI, *La documentazione numismatica ad Altino*, in Atti-Conv *Vigilia di romanizzazione. Altino e il Veneto orientale tra II e I sec. a.C. (Venezia 1997)*, a cura di G. Cresci Marrone e M. Tirelli, Roma 1999, pp. 141-152.

BIANCHIN CITTON 2009 = E. BIANCHIN CITTON, *Prima del santuario: la tomba del bronzo finale, le strutture di tipo abitativo e artigianale della prima età del ferro*, in Altnoi 2009, pp. 23-38.

BIANCHIN CITTON 2011 = E. BIANCHIN CITTON, *La tomba a cremazione del Bronzo finale in località Fornace*, in *Altino antica* 2011, pp. 52-53.

BONOMI 2003 = S. BONOMI, *Ceramica attica ad Altino: nuovi dati*, in *Produzioni* 2003, pp. 47-60.

BRACCESI 2015 = L. BRACCESI, *Il mito troiano. Realtà e leggenda*, in *Lezioni Marciane 2013-2014*, pp. 35-50.

CAPUIS – CHIECO BIANCHI 2009 = L. CAPUIS – A.M. CHIECO BIANCHI, *I Bronzetti*, in Altnoi 2009, pp. 172-173.

CAPUIS – GAMBACURTA – TIRELLI 2009 = L. CAPUIS – G. GAMBACURTA – M. TIRELLI, *Il santuario preromano: dalle strutture al culto*, in Altnoi 2009, pp. 39-59.

CIPRIANO – TIRELLI 2009 = S. CIPRIANO – M. TIRELLI, *L'area sacra in età romana*, in Altnoi 2009, pp. 61-80.

CRESCI MARRONE 2015 = G. CRESCI MARRONE, *Tra terraferma e laguna. La voce degli antichi*, in *Lezioni Marciane 2013-2014*, pp. 111-126.

CRESCI MARRONE – TIRELLI 2016 = G. CRESCI MARRONE – M. TIRELLI, *Veneti, Etruschi e Greci nel santuario di Altino ellenistica: una triangolazione prospettica*, in AttiConv *Il mondo etrusco e il mondo italico di ambito settentrionale prima dell'impatto con Roma (IV-II sec. a.C.) (Bologna 2013)*, Bologna 2016, pp. 335-352.

Este preromana 2002 = *Este preromana. Una città e i suoi santuari*, a cura di A. Ruta Serafini, Treviso 2002.

FIORE – SALERNO – TAGLIACOZZO 2003 = I. FIORE – R. SALERNO – A. TAGLIACOZZO, *I cavalli paleoveneti del santuario di Altino – località "Fornace"*, in *Produzioni* 2003, pp. 115-141.

FIORE – TAGLIACOZZO 2001 = I. FIORE – A. TAGLIACOZZO, *I resti animali dal santuario preromano in località "Fornace" di Altino (VE)*, in AttiConv *Orizzonti del sacro. Culti e santuari antichi in Altino e nel Veneto orientale (Venezia 1999)*, a cura di G. Cresci Marrone e M. Tirelli, Roma 2001, pp. 87-96.

FIORE – TAGLIACOZZO 2009 = I. FIORE – A. TAGLIACOZZO, *I resti faunistici*, in Altnoi 2009, pp. 182-183.

GAMBACURTA 2002 = G. GAMBACURTA, Schede nrr. 2-4; 7-22, in *Este preromana* 2002, pp. 316-320.

GAMBACURTA 2003 = G. GAMBACURTA, *Le sepolture equine nelle necropoli di Altino*, in AttiConv *Produzioni* 2003, pp. 89-113.

GAMBACURTA 2011*a* = G. GAMBACURTA, *L'abitato della prima età del ferro in località Fornace*, in *Altino antica* 2011, pp. 62-63.

GAMBACURTA 2011*b* = G. GAMBACURTA, *Altino preromana (VIII-IV secolo a.C.)*, in *Altino antica* 2011, pp. 54- 61.

GAMBACURTA 2011*c* = G. GAMBACURTA, "Et in quem primum egressi sunt locum Troiam vocatur" (Liv. I, 3). *Note sulla topografia di Altino preromana*, in AttiConv *Altino dal cielo: la città telerivelata. Lineamenti di* Forma Urbis *(Venezia 2009)*, a cura di G. Cresci MARRONE e M. TIRELLI, Roma 2011, pp. 39-57.

GAMBACURTA 2013 = G. GAMBACURTA, *Uomini e dei*, in Venetkens 2013, pp. 106-111.

Lezioni Marciane 2013-2014 = Lezioni Marciane 2013-2014. Venezia prima di Venezia. Archeologia e mito, alle origini di un'identità, a cura di M. Bassani e M. Molin, Roma 2015 (*Venetia*/Venezia, 1).

MAGGIANI 2008 = A. MAGGIANI, *Ai margini della colonizzazione. Etruschi e Veneti nel VI sec. a.C.*, in AttiConv *La colonizzazione etrusca in Italia (Orvieto 2007)*, Roma 2008, pp. 341-363.

MARINETTI 2009*a* = A. MARINETTI, *Da* Altno- *a* Giove: *la titolarità del santuario. I. La fase preromana*, in Altnoi 2009, pp. 81-127.

MARINETTI 2009*b* = A. MARINETTI, *Un etnico per 'Etrusco' nel venetico?*, in *Studi in onore di Giovannangelo Camporeale*, a cura di S. Bruni, Pisa-Roma 2009, pp. 557- 562.

MARINETTI 2011 = A. MARINETTI, *Il dio* Altino *e le sue attestazioni epigrafiche*, in *Altino antica* 2011, p. 68.

MARINETTI 2013 = A. MARINETTI, *Orlo di lebete con iscrizione votiva*, in Venetkens 2013, p. 321.

MARINETTI – PROSDOCIMI 2006 = A. MARINETTI – A.L. PROSDOCIMI, *Novità e rivisitazioni nella teonimia dei Veneti antichi: il dio* Altino *e l'epiteto* sainati, in …ut… rosae…ponerentur. *Scritti di archeologia in ricordo di Giovanna Luisa Ravagnan*, «Quaderni di Archeologia del Veneto», serie speciale 2, 2006, pp. 95-103.

MARINETTI – PROSDOCIMI – TIRELLI 2013 = A. MARINETTI – A.L. PROSDOCIMI – M. TIRELLI, *Il cippo del lupo dal santuario di Altino*, in AttiConv *Giulia Fogolari e il suo "repertorio...prediletto e gustosissimo", aspetti di cultura figurativa nel Veneto antico, (Este-Adria 2012)*, «Archeologia Veneta» XXXV, 2012 (2013).

Produzioni 2003 = AttiConv *Produzioni, merci e commerci in Altino preromana e romana (Venezia 2001)*, a cura di G. Cresci Marrone e M. Tirelli, Roma 2003.

PROSDOCIMI 2003 = A.L. PRODOCIMI, *Sul sacrificio del cavallo in alcune fonti di tradizioni indoeuropee*, in *Produzioni* 2003, pp. 61-88.

SAINATI 2009 = C. SAINATI, *La piccola plastica*, in Altnoi 2009, pp. 174-175.

SALERNO 2009 = R. SALERNO, *Le lamine figurate*, in Altnoi 2009, pp. 170-171.

TIRELLI 2002 = M. TIRELLI, *Bronzi votivi dal santuario altinate in località Fornace: osservazioni preliminari su alcuni esemplari delle fasi più recenti*, «AAAd» LI, 2002, pp. 191-206.

TIRELLI 2005 = M. TIRELLI, *Il santuario altinate di Altino- Altno-*, in AttiConv *Culti, forma urbana e artigianato a Marzabotto. Nuove prospettive di ricerca (Bologna 2003)*, a cura di G. Sassatelli e E. Govi, Bologna 2005, pp. 301-316.

TIRELLI 2011 = M. TIRELLI, *I bronzetti di importazione nel santuario tra VI e V secolo a.C.*, in *Altino antica* 2011, pp. 69-70.

TIRELLI 2013a = M. TIRELLI, *I santuari di pianura*, in Venetkens 2013, pp. 317-319.

TIRELLI 2013b = M. TIRELLI, *Lamina con cavaliere*, in Venetkens 2013, p. 325.

TIRELLI 2013c = M. TIRELLI, *Devoto tipo Marzabotto*, in Venetkens 2013, p. 274.

TIRELLI 2013d = M. TIRELLI, *Paride arciere*, in Venetkens 2013, pp. 274-276.

Venetkens 2013 = CatMostra Venetkens. *Viaggio nella terra dei Veneti antichi (Padova)*, a cura di M. Gamba, G. Gambacurta, A. Ruta Serafini, V. Tiné e F. Veronese, Venezia 2013.

TIRELLI 2014 = M. TIRELLI, *Altino, il santuario e il lupo. Una nuova lamina votiva*, in *Amore per l'Antico. Dal Tirreno all'Adriatico, dalla Preistoria al Medioevo e oltre. Studi di Antichità in ricordo di Giuliano de Marinis*, a cura di G. Baldelli e F. Lo Schiavo, Roma 2014, voll. 1-2, pp. 1035-1041.

VOLTAN 1989 = C. VOLTAN, *Le fonti letterarie per la storia della* Venetia et Histria.I. *Da Omero a Strabone*, Venezia, 1989.

ABSTRACT

The present paper takes into consideration the archaeological excavations of the sanctuary of the god *Altino* performed between 1997 and 2007. The physiognomy of preroman Altino remarkably changed: in fact the excavations and the typologic study of what has been found, particularly bronze and pottery objects, allowed to post-date the origin of the city to the end of Bronze Age, between the XIth and Xth century B.C., to find out the god's name and to identify a particular ritual, connected to horse sacrifice.

VERSO RAVENNA *REGIA CIVITAS**

Tommaso Gnoli

A dispetto del fatto che per circa 800 anni – dall'età augustea, ma forse cesariana, fino alla metà dell'ottavo secolo (751 fine dell'esarcato) – Ravenna sia stata senza ambiguità Regina incontrastata dell'Adriatico, la città conserva oggi un aspetto modesto, provinciale, dimesso. È una città appartata, distante dalle grandi linee di traffico della Penisola, in un certo senso una città 'insulare'. Il suo aspetto attuale, che purtroppo ha molto risentito di due guerre mondiali, è caratterizzato da un certo numero, non grande, di palazzi signorili, eppure dall'apparenza quasi sempre modesta, testimonianza di un ristretto numero di famiglie che hanno gestito la vita della città in associazione con la potentissima curia arcivescovile, dopo che, dai fasti dell'esarcato, essa si è progressivamente ritirata in un ambito più specificamente romagnolo. E furono queste stesse famiglie che, come sempre accade, hanno conferito alla città il suo aspetto attuale[1].

---

* Si pubblica, con modifiche, il testo della Conferenza tenuta alla Biblioteca Nazionale Marciana di Venezia il 21 aprile 2016, nell'ambito del ciclo di conferenze *Le Regine dell'Adriatico: Adria, Altino, Ravenna, Venezia. In ricordo di Marcello Brusegan* sotto la direzione scientifica dell'amico Prof. Lorenzo Braccesi e in collaborazione con il Centro Studi Torcellani. Al Direttore del Centro Studi Torcellani, Prof. Marco Molin, e al Direttore della Biblioteca Marciana, Dott. Maurizio Messina, vanno i miei più sentiti ringraziamenti.

[1] Chi scrive non è un indigeno, cosa che può rappresentare un vantaggio, dal momento che consente di guardare alla realtà ravennate con lo sguardo distaccato di uno straniero, ma anche uno svantaggio, come potrà evincersi da quanto sto scrivendo. A questo si aggiunge la poca competenza dello scrittore verso periodi storici che non pertengono alla sua professione, per cui sembra doveroso il richiamo ai bellissimi cinque volumi della *Storia di Ravenna*, dalle origini al presente, pubblicati dall'editore Marsilio tra il 1990 e il 1996. I volumi sono stati curati rispettivamente da Giancarlo Susini (*L'evo antico* 1990), Antonio Carile (*Dall'età bizantina all'età ottoniana*, 2 tomi, 1991-1992), Augusto Vasina (*Dal mille alla fine della signoria polentana* 1993), Lucio Gambi (*Dalla dominazione veneziana alla conquista francese*, 1994), Luigi Lotti (*L'età risorgimentale e contemporanea* 1996).

Ravenna, città oggi forse non più tanto ricca, ma che è stata ai vertici delle statistiche nazionali per redditi e qualità della vita dal dopoguerra, deve le sue attuali fortune a cose che sono invisibili dalla città: il polo chimico, invenzione di Enrico Mattei degli anni '50, e uno dei più grandi porti commerciali italiani. Quest'ultimo è l'elemento di lunga durata nella storia della città, ma, a differenza di altre città portuali italiane, come Genova, Venezia, Palermo, che in vario modo abbracciano i loro porti e vi s'identificano, Ravenna lo respinge, lo isola, lo esclude. Il porto di Ravenna non si vede né dalla città, né dal mare. È un porto invisibile, al quale si deve andare appositamente, superando passaggi a livello e barriere che ne impediscono l'accesso. Il risultato di tutto questo è che Ravenna, che ha dovuto tutta la sua fortuna al mare, non è una città marittima. La cultura ravennate è una cultura fortemente contadina, romagnola. Chi non è ravennate non può non sentire tutte queste contraddizioni. Si tratta tuttavia di contraddizioni che il turista che visita fugacemente la città percepisce, ma solo in modo incompleto. È certo che comunque lo straniamento offerto dall'ingresso all'interno di San Vitale o di Sant'Apollinare Nuovo sia dovuto all'evidente incoerenza tra questi eccezionali monumenti di un passato irripetibile e la modestia del tessuto urbano circostante. Sant'Apollinare in Classe, grazie alla sua posizione ai margini della città, circondata da campi e prati, non dà la stessa impressione. Non è poi così lontana la sensazione che si ha visitando, ad esempio, Pomposa. Ravenna è quindi una città straordinariamente discontinua, che presenta delle fasi nette e definite, dove quella moderna prevale in modo tanto schiacciante sulle altre da rendere i monumenti dell'età giustinianea e dell'esarcato dei meravigliosi squarci del tutto isolati dal contesto.

Ravenna è una città che, ogni tanto, divora se stessa[2]. Non esistono una Ravenna medievale, né, tanto meno, una Ravenna romana. Quest'ultima è riconoscibile, nella sua *facies* tardoantica, solamente in un suo piccolo tratto ai margini della città, ma, ancora una volta, la visita agli scavi aumenta, anziché diminuire, il senso di straniamento. I resti del porto tardoantico di Classe sono oggi in mezzo a un campo di girasoli, in un luogo distante ben 12 km dall'attuale linea di costa. Del mare lì non si sente neanche il profumo. Il motivo di questo sostanziale disinteresse della Ravenna post-classica nei confronti di quell'Adriatico del quale rimase ancora a lungo regina, nonostante tutto, credo risieda nel fatto che, in quel tornante fondamentale nella storia della città e non solo, rappresentato dai secoli III-IV, il ruolo della città conobbe un profondo mutamento. Dal momento in cui Ravenna mutò la sua natura passando da sede della grande flotta imperiale a sede prima della corte imperiale, quindi dell'esarcato bizantino, la città si girò dal mare verso la terraferma. La Ravenna di Onorio, Galla Placidia e Giustiniano guardava all'amministrazione e al controllo dell'Italia, non al dominio sul Medi-

---

[2] CIRELLI 2011, in particolare p. 41; cfr. anche CAMIZ 2007.

Fig. 1 – Ravenna, Sant'Apollinare Nuovo; inizio VI secolo (https://commons.wikimedia.org/wiki/Image:Ravenna,_sant%27apollinare_nuovo,_il porto_di_classe_(inizio_del_VI_secolo).jpg?uselang=it).

terraneo. È per questo che nell'opera di Cassiodoro (485 ca.-580 ca.) sono così rari gli accenni alle flotte da guerra[3].

Il celebre mosaico rappresentante, con elegante stilizzazione, il porto di Classe, presente sul lato destro della navata centrale di Sant'Apollinare Nuovo, è l'ultima, celeberrima, rappresentazione di Ravenna città marinara, e credo si tratti più di un ricordo che di una rappresentazione all'epoca attuale (*fig. 1*).

1. Ravenna in età imperiale (da Augusto ai Severi)

Partiamo rapidamente dall'inizio delle fortune della città: da Ravenna romana. Della città ignoriamo tutto, tranne l'esistenza di un ponte di età augustea, collocato oggi quasi al centro della città, in un incrocio di strade, una delle quali, la Via Salara, era un fiume. Il ponte è stato quindi obliterato alla fine dei lavori che ne hanno prodotto la scoperta, ma non è gran danno, a giudicare dalle fotografie d'epoca (*fig. 2*). Di poco successivi, ritenuti comunemente d'età claudia, sono alcune permanenze: una porta delle mura cittadine – il cui percorso originale è in larghissima misura ipotetico[4], quelle che oggi si vedono sono le mura veneziane, del XV secolo – nota con il nome di Porta Aurea[5], che venne smantellata in età napoleonica e i cui resti

---

[3] A eccezione naturalmente di Cassiodoro, *Variae* V 16, una lettera in cui si riferisce dell'ordine dato da Teoderico al prefetto del pretorio *Abundantius* affinché facesse costruire 1000 dromoni che potessero servire anche al rifornimento granario, oltre che alla difesa costiera. Ho spiegato altrove le ragioni che m'inducono a ritenere del tutto iperbolica la cifra in questione, oltre che in netto contrasto con quanto sappiamo dell'evoluzione delle flotte da guerra tra l'età tardoantica e quella mediobizantina, sempre più caratterizzata, quest'ultima, da navi da guerra di grandi dimensioni: GNOLI 2012, pp. 218-220; per una visione diversa cfr. COSENTINO 2004.

[4] CHRISTIE – GIBSON 1988.

[5] La documentazione relativa a Porta Aurea è abbondante. Oltre ai resti monumentali conservati

Fig. 2 – Il ponte romano sotto Via Salara negli anni '80 oggi interrato (Cirelli 2008, fig. 17).

si possono ammirare in un'apposita sala del Museo Nazionale (*fig. 3*) e, insigne tra tutti i monumenti antichi di Ravenna e annoverato tra i più importanti rilievi storici di età romana in genere, i due frammenti, rinvenuti reimpiegati nelle fondamenta del monumento noto con il nome di Mausoleo di Galla Placidia, raffiguranti rispettivamente una processione sacrificale e una raffigurazione della *domus Augusta*, con il ritratto di Augusto divinizzato (*fig. 4*). Ho individuato altrove le identità dei personaggi che vi sono raffigurati, e anche quella di quanti dovevano esserlo in un'altra lastra simmetrica e contraria e mai ritrovata[6]. Qui non posso fare altro che enunciare i risultati della mia ricerca: da sinistra verso destra abbiamo: 1. Personificazione di virtù o divinità femminile seduta (*Tellus? Pax? Italia?*); 2. Druso Maggiore, stante, loricato con mantello, scalzo, lievemente rivolto a destra; 3. Germanico, nudo e con mantello, in posizione frontale e leggermente rivolto a sinistra, con stella sulla fronte, probabilmente con una *nike* nella mano destra; 4. Antonia Minore, stante, identificata con Venere, con erote sulla spalla, leggermente rivolta a sinistra; 5. Augusto, identificato con Giove, raffigurato un po' più grande degli altri personaggi, rivolto a destra, con scettro, corona di quercia, stella in metallo sul capo oggi perduta, piede sinistro sul globo celeste, dove si

---

nel Museo Nazionale, la Porta venne disegnata da diversi architetti, il più importante dei quali è certamente il Palladio. Le differenze esistenti tra i vari disegni rimasti e i concreti resti monumentali è tema che affatica gli archeologi ma che possiamo fortunatamente tralasciare in questa sede. Cfr. la recente *mise au point* in *Porta Aurea* 2015.

 [6] Gnoli 2015*a*, pp. 83-116.

Fig. 3 – Vicenza, Museo. Palladio, *La porta Aurea di Ravenna* (foto Musei Civici di Vicenza - Museo Civico di Palazzo Chiericati).

Fig. 4 – Ravenna, Museo Nazionale. *Apoteosi di Augusto* (Susini 1990, tav. IV).

scorge la fascia zodiacale con il segno del Capricorno; quindi, sulla lastra mancante, dobbiamo immaginare 7. Livia, identificata con Cerere, seduta su uno scranno, con corona sul capo (e forse stella metallica, come l'altro *divus*?), un fascio di spighe sulla destra, appoggiata con la sinistra su una lunga torcia, come può vedersi su un *dupondius* perfettamente contemporaneo, del 42; 8. Claudio, togato, con il capo velato, forse in posizione di offerente; 9. Messalina con in braccio l'infante Britannico, forse anche Ottavia; 10. Tiberio, loricato, rivolto a sinistra, in posizione grosso modo simmetrica con quella di Druso Maggiore; 11. Personificazione di virtù o divinità femminile seduta, simmetrica all'altra conservata.

All'interno del perimetro urbano la memoria di Ravenna romana è affidata a scavi di limitata dimensione. Come tutto in questa città introversa, anche questi resti sono invisibili dalla strada. Bisogna entrare nell'androne di un edificio appartenente alla Cassa di Risparmio[7] – istituzione che a Ravenna ha un'importanza del tutto particolare – per vedere quanto rimane di un antico muro in blocchi, la cui funzione resta ancora da accertare.

Della città altoimperiale non rimane altro. La più recente mappa archeologica di cui si dispone è quasi totalmente ipotetica per questo periodo storico[8]. Di fatto, s'ignora perfino la posizione del foro cittadino. Tutto quanto si conosce della città, il suo aspetto 'veneziano', ricco di ponti e di canali; le sue case costruite su palafitte d'olmo, grazie alle virtù particolari di quel legno; la salubrità dell'aria dovuta all'assenza di ristagno delle acque e alle maree che 'ripulivano' l'aria dai miasmi palustri; la scarsa qualità del vino; la presenza di una *schola gladiatorum* voluta dallo stesso Cesare, sono tutti dati desumibili dalle fonti letterarie, non dall'archeologia[9]. I motivi di tanta distruzione e perdita di dati sono ben noti: da una parte il fenomeno della subsidenza, cioè dell'innalzamento della faglia idrica che ha irrimediabilmente compromesso gli strati più antichi dell'abitato, e che è ora argomento tornato di gran moda, perché pare che possa non essere del tutto estraneo a questo problema l'estrazione di gas naturali a poca distanza dalla costa[10]. Dall'altra, la totale mancanza, *in loco* e per un grande tratto, di materiale lapideo utilizzabile per scopi edilizi che ha portato, a Ravenna più che altrove, a reimpiegare tutto quel che poteva essere spogliato dagli edifici precedenti.

Come tutte le città antiche, però, anche Ravenna era circondata da necropoli. Ne sono state individuate due maggiori. Una a nord della città, l'altra a est. Due altre

---

[7] Novara 2000.

[8] Cirelli 2008.

[9] Si troveranno tutte le fonti rilevanti in Pierpaoli 1990, un felice esempio di erudizione locale. Per una convincente contestualizzazione e discussione delle stesse si raccomandano gli articoli di R. Vattuone e di V. Neri nel primo volume dell'opera collettiva citata *supra*, nota 1.

[10] Questo testo è stato concepito a poche settimane di distanza dal referendum abrogativo delle concessioni estrattive *off-shore*, andato poi deserto per il non raggiungimento del quorum.

necropoli, molto grandi, sono poi state rinvenute in due aree periurbane, entrambe a sud della città, in stretta prossimità con i luoghi che videro poi sorgere due grandi basiliche cristiane. Nell'area più vicina a Ravenna, detta Cesarea, sorgerà la grande basilica di San Severo, mentre nei pressi della necropoli più meridionale, a Classe, verrà costruita la celeberrima Sant'Apollinare. Entrambe queste basiliche crebbero sfruttando largamente i materiali saccheggiati nelle attigue necropoli. Il complesso di San Severo, delle medesime enormi dimensioni e con lo stesso orientamento delle due chiese dedicate a Sant'Apollinare, a Ravenna e Classe, ebbe un'esistenza stentata, fatta di abbandoni e di ricostruzioni, fino a che non venne infine smantellato assieme all'annesso convento nel 1821. Solo oggi, grazie agli scavi condotti dall'Università di Bologna, è possibile ancora apprezzare questo monumento quasi del tutto scomparso[11].

Nelle due grandi necropoli classiarie a sud della città vennero dunque sepolti migliaia di militi della flotta pretoria, che proprio lì aveva il suo grande porto, capace di contenere, secondo la testimonianza di Cassio Dione tramandataci dallo storico Giordane, ben 240 navi da battaglia[12]. Anche queste necropoli non si sono salvate dalla sistematica spoliazione avvenuta nelle età successive. Tuttavia i lavori di costruzione della linea ferroviaria Ravenna-Rimini hanno portato allo scavo sistematico delle due necropoli meridionali, consentendo così il recupero di una certa quantità di steli, nonché l'individuazione, sul terreno, di monumenti sepolcrali di una certa importanza, anche se tali monumenti furono i primi ad essere smantellati in vista della costruzione delle attigue basiliche[13]. Possiamo tuttavia essere certi delle datazioni di questi monumenti funebri a base circolare dall'impressionante numero di bolli laterizi rinvenuti su mattoni reimpiegati nell'adiacente complesso di San Severo: doveva trattarsi di mausolei edificati negli anni tra Adriano e Antonino Pio.

Il massiccio reimpiego di materiale lapideo soprattutto nelle basiliche di San Severo e di Sant'Apollinare in Classe ha prodotto come risultato il fatto che ancora oggi, di tanto in tanto, vengano ritrovate lapidi reimpiegate nelle murature. Uno degli ultimi esempi di questi ritrovamenti, è la bellissima lastra opistografa oggi esposta al Museo Nazionale e contenente due grandi elenchi di persone certamente appartenenti ai *collegia* che occupavano l'area funeraria originariamente segnalata dal testo reimpiegato. L'iscrizione, scoperta nel 1977, venne pubblicata da Angela

---

[11] La basilica di San Severo, con l'annesso convento, ha avuto una storia quanto meno travagliata: consacrata molto probabilmente nel 582, subì una parziale distruzione con una conseguente ricostruzione nel 1468, quando ne fu modificata la pianta. Venne quindi del tutto restaurata ancora nel 1754, fino poi alla sconsacrazione e alla totale distruzione. I lavori di scavo attorno alla basilica e all'annesso monastero sono stati recentemente ripresi da AUGENTI 2012a e AUGENTI 2012b.

[12] Iord., *Getiká* I, 19.

[13] Si tratta di due mausolei circolari completamente smantellati già in antico e oramai leggibili solamente in pianta: BERMOND MONTANARI 1969.

Fig. 5 – Ravenna, Museo Nazionale. *Stele di P. Longidienus* (*CIL* XI, 139) (Susini 1990, tav. XLV).

Donati[14]. Si tratta di una delle migliori testimonianze della società complessa, multietnica, agiata ma non ricca di Ravenna imperiale, dove larga parte personaggi di estrazione libertina, sempre ansiosi di affermare il proprio nuovo *status* spendendo senza riserve in monumenti funebri che onorano il primo chiostro del Museo Nazionale[15]. Anche se è scorretto identificare semplicemente e direttamente la società ravennate di età imperiale con i ranghi della flotta lì dislocata, è fuori discussione che la *classis* plasmò in misura larghissima quella società. A parte i numerosissimi testi epigrafici che provengono direttamente da personaggi che si dichiarano come marinai della flotta o da loro familiari, anche personaggi che apparentemente non hanno legami con la flotta spesso utilizzano nelle loro lapidi stilemi direttamente derivati dall'ambiente classiario, ad esempio l'utilizzo, come ornamenti in posizione acroteriale nelle lapidi a pseudo-edicola di delfini oppure di onde marine.

Nonostante il gran numero di testimonianze *in loco*, l'organizzazione e i compiti che spettavano della *classis* restano avvolti nell'ombra, durante l'età imperiale, quando Roma non venne mai seriamente impegnata sul mare. È tuttavia certo che la flotta non rimase inattiva: i *principes* che si succedettero sul trono di Roma non rinunciarono mai a questi due grandi reparti che, da Ravenna e da Miseno, vegliavano sul buon ordine nel Medi-

---

[14] Donati 1977.

[15] Il riferimento è alle grandi stele figurate ravennati, particolarmente celebri quelle dei *Firmii* e del *faber navalis Publius Longidienus*, che sono oggi esposte nel primo chiostro del Museo. La sistemazione del chiostro è stata opera d'avanguardia museologica, consapevolmente perseguita da Giuseppe Bovini nel primo dopoguerra, dopo le terribili distruzioni subite dal Museo durante la guerra: Bovini 1953, pp. 33-63 e p. 64, Bovini 1954.

terraneo, e fornivano appoggio logistico all'esercito. Se sono giusti gli incerti calcoli più volte tentati, l'organico delle due flotte pretorie sarebbe stato di 20.000 uomini ciascuna, più o meno l'equivalente di quattro legioni a ranghi completi. Non esistevano unità militari più grandi nel mondo romano. Pur ignorando quale fosse la proporzione tra militari e *fabri*, e pur sapendo che in realtà i classiari, come del resto i legionari, si trovavano spesso dislocati anche in regioni diverse, e che alcuni reparti erano costantemente impiegati a Roma con i compiti più strani, tra i quali quello di manovrare i tendoni che dovevano riparare dal sole il pubblico assiepato nel Colosseo, resta il fatto che il prefetto che comandava queste unità militari era un personaggio di rango molto elevato. Non si conosce per Ravenna un personaggio tanto noto quanto il prefetto della flotta di Miseno, Gaio Plinio Secondo, detto il Vecchio per distinguerlo dal più giovane nipote.

Da uno dei personaggi che ruotavano attorno alla *classis* viene il monumento simbolo di questa fase della storia di Ravenna: la grande stele figurata del *faber navalis Publius Longidienus*, intento al suo lavoro di carpentiere (*fig. 5*). A questa celebre immagine si è ora in grado di affiancarne un'altra, ancora quasi sconosciuta, dal momento che si tratta di un cippo rinvenuto nel 2012, reimpiegato in una cloaca (*fig. 6*). La particolarità di questo monumento è che mostra l'unica immagine di classiario in armi a noi noto, a parte una stele purtroppo rovinatissima, nota da tempo e rinvenuta nel porto ateniese del Pireo. La società di Ravenna imperiale, però come si è detto, non era solamente un grande agglomerato di soldati di varia provenienza, Siriani, Egiziani, Dalmati in larga maggioranza. Una lapide rinvenuta nel 1974 nella necropoli orientale della città, anch'essa largamente frequentata da marinai della flotta pretoria, commemora, ritraendole, due donne. Si tratta di un monumento particolarmente affascinante per la linearità dell'impianto iconografico e per la ellittica semplicità del testo inciso. Nulla nell'onomastica delle due donne consente di stabilire il legame che le univa. Una aveva un nome greco, un *hapax*, ed era di statuto libertino, l'altra era una cittadina, dall'onomastica perfettamente romana. Entrambe si sono fatte ritrarre fiere, prive di qualsiasi ornamento, i busti non lasciano vedere vesti, i colli sono privi di gioielli, così come le orecchie. Queste signore continuano a guardare i visitatori del Museo Nazionale, fiere solamente delle loro perfette messe in piega (*fig. 7*).

2. La fine della classis praetoria

La flotta romana cessa di dare segni della propria esistenza durante la seconda metà del terzo secolo, nel corso di quella che siamo soliti chiamare l'anarchia militare, cioè il cinquantennio che va dal 235 al 285. Ma si può essere un po' più precisi di così. Durante il breve regno di Marco Aurelio Probo (276-282) una banda di 'prigionieri' Franchi si ribellò all'autorità romana in circostanze ignote, si impadro-

Fig. 6 – Ravenna. Cippo del classiario, particolare (Augenti – Bertelli 2007, p. 94).

Fig. 7 – Ravenna, Museo Nazionale. Iscrizione di *Domitia Kalituce* e di *Caelia Quincta*
(Susini 1990, tav. LVI).

nì di un certo numero di imbarcazioni e si mise a devastare le coste mediterranee[16].
Dapprima furono teatro di queste scorrerie la Grecia e l'Asia Minore, quindi, subita
una sconfitta nel Mediterraneo orientale, i Franchi si spostarono sulle coste africane,
dove «provocarono non pochi danni». Poi, di lì, si spostarono in Sicilia, dove ebbero
l'audacia di occupare la capitale della provincia, la splendida Siracusa. Dopo queste
straordinarie imprese, essi si allontanarono, presero il largo, s'imbarcarono per l'occidente, imboccarono lo Stretto di Gibilterra, e, così come erano comparsi, uscirono
improvvisamente dalla storia. Il panegirista che, una ventina d'anni dopo, nel 297 o
nel 298, rievocò questa curiosa vicenda per incensare il Cesare Costanzo Cloro per le
sue vittorie contro i Franchi in Britannia (*Pan.* IV 18, 3), è una delle uniche due fonti
che ricordino questo evento così traumatico per la storia del Mediterraneo centrale.
L'altra, lo storico tardo-antico Zosimo (metà del V secolo), dà della vicenda un resoconto più sommario, coincidente nei tratti essenziali con quello dell'ignoto panegirista, ma con qualche dettaglio in più: i Franchi erano stati legalmente insediati all'in-

---

[16] GNOLI 2004, pp. 209-212.

terno dell'impero da un imperatore (non si dice quale); la presa di Siracusa fu un fatto molto cruento («essi uccisero lì molte persone»); l'itinerario è un po' semplificato e diverso (i Franchi sarebbero passati dalla Grecia alla Sicilia, quindi all'Africa, dove sarebbero stati sconfitti da «un gruppo di abitanti di Cartagine»; quindi, sarebbero tornati alle loro dimore «senza grandi perdite», Zos. I 17, 2).

Non è possibile datare con esattezza questi avvenimenti, collocabili più o meno attorno al 280, ma è comunque molto significativo rilevare come la vicenda dei Franchi in Sicilia stia a segnalare l'inizio, anche per il Mediterraneo, della nuova fase storica che chiamiamo Tarda Antichità e come presupposto di questo evento sia lo smantellamento delle flotte pretorie di Miseno e Ravenna[17].

L'unica apparente attestazione della continuata esistenza della *classis praetoria* a Ravenna ben addentro al IV secolo sarebbe costituita da un miliario rinvenuto nella località di Campiano, poco fuori Ravenna, posto dagli imperatori Valente, Graziano e Valentiniano II, essendo quindi databile tra il 375 e il 378. Letto per la prima volta da Susini nel 1971, venne quindi ripubblicato da Francesca Cenerini in *Supplementa Italica* nel 1992[18]. Solamente Susini fu in grado di vedere sulla pietra il testo di una fantomatica nona linea, che egli lesse *De classe pre(toria) (sic) Ravenn(atium) milia*. Cenerini riprese questa lettura, pur rilevando che la riga era stata abrasa e nuovamente rubricata tra il 1971 e il '74, secondo quanto sostenuto da Susini. L'unica lettura che conta, quindi, a questo punto, sarebbe la lettura di Susini del 1971, che è da ritenersi l'unico testimone della pietra prima della sua abrasione, e tuttavia la lettura di Susini è tutt'altro che convincente. Innanzi tutto un rilievo linguistico di carattere generale: l'iscrizione conserva il dittongo *ae* in diversi luoghi, pertanto risulta quanto mai sospetta la lettura *pre(toria)* data dal Susini di questa linea scomparsa. Anche in altri luoghi la lettura di Susini è stata poco attenta: a linea 5, infatti, egli leggeva senz'altro *et Valentiniani Aug(usti) filio*. Cenerini si rese conto dell'assurdità della congiunzione a inizio riga 5 e tentò di restituire i segni che poteva vedere a inizio riga restituendo in quel luogo il *praenomen* dell'imperatore, *Fl. Valentiniani Aug(usti) filio*, migliorando quindi il testo di Susini. Allo stesso modo, a inizio linea 8, sia Susini sia Cenerini non si accorsero della presenza di una lacuna a inizio riga.

È merito di un mio vecchio allievo l'aver restituito il testo del miliario in questione: la lettura proposta dal Dott. Bazzocchi[19], dopo nuova autopsia dell'originale,

---

[17] Gioverà qui richiamare le parole che, proprio su questo episodio, scrisse un grande storico: Mazzarino 1973, p. 585: «È questo [...] l'avvenimento più impressionante non solo dell'impero di Probo, ma anche di tutta la storia marittima di Roma durante il principato [...] L'occupazione franca di Siracusa nell'epoca di Probo annuncia, secondo la considerazione dello storico, le incursioni vandaliche in Sicilia nella seconda metà del V secolo. Il crepuscolo del III secolo preannuncia il crepuscolo dell'impero romano».

[18] Susini 1973-1974, da cui *AE* 1975, 402; Cenerini 1992, 11-31, in particolare nr. 3, pp. 48-49.

[19] Bazzocchi 2006, lavoro che si raccomanda di consultare: cfr. a p. 322 il testo di Campiano con le *variae lectiones* di Susini e Cenerini.

è da considerarsi certa, soprattutto grazie al confronto estremamente cogente tra
questo miliario e un altro, rinvenuto nel territorio di Pisa, contemporaneo e recante
la titolatura di Valente, Graziano e Valentiniano II perfettamente leggibile e oltre a
tutto con la stessa, identica, paginazione del miliario di Campiano (*fig. 8*).

AE 1975, 402 = Cenerini, *Forum Livi*, nr. 3	*CIL* XI, 6665 = *Ilt.* VII, 1, 118
Imp. Ca[es]. d. n. Fl. Valenti	*Imp. Caes. d. n. F[l]. [Valent]i*
pio fel. Semp. Aug.	*pio felici semp. A[ug].*
Imp. Caes. d. n. Fl. Gratiano	*Imp. Caes. d. n. Fl. Gr[atia]no*
[p]io fel. semp. Aug.	*pio fel. semp. Aug.*
[di]vi Val[entiniani] Aug. filio	*divi Valentiniani Aug. filio*
Imp. Caes. d. n. Fl. Valentiniano	*[Im]p. Caes. d. n. Fl. Valentiniano*
p[io] f[el]. s[em]p. Aug.	*[pi]o f(e)l. semp. Aug.*
[divi] Valentiniani Au[g]. filio	*divi Valentiniani Aug. filio*
<<DECERAPAVNNMILIA>>	*Civit. Pisana*
	m. p. IIII

Per quanto riguarda poi la martoriata linea 9, mentre Susini affermava di averci
letto, dopo la rubricatura (e l'abrasione?), *DECEM DE RAVENNA MILIA*, Bazzocchi scrisse:

«Attualmente, in corrispondenza di questa riga, si possono leggere nell'ordine le seguenti
lettere: *D*; *E*; *C*; *E*; *R*; *A* attraversata da un tratto trasversale obliquo che si sovrappone al
tratto orizzontale della lettera; *L* cui forse è stato aggiunto in seguito un occhiello, forse una
P; *A*; *V*, che pare sovrapposta ad un'altra lettera, forse una *L*, ma è molto difficile dirlo; *N*;
N; *M*; *I*; *L*; *I*; *A*».

Bazzocchi, saggiamente, rinuncia a trarre conclusioni da questa linea così disgra-
ziata ma propone di eliminare comunque dal testo l'inesistente aggettivo *pr(a)eto-
ria*. Anche io, qualche anno fa, partecipai all'autopsia del cippo, che attualmente
costituisce il leggio della piccola chiesetta di campagna di Campiano, e posso dire
che dalla superficie scabrosa e rovinata è impossibile ricavare più di quanto non
sia riuscito Bazzocchi. Resta il fatto che la fantomatica presenza della flotta pretoria ravennate nella seconda metà del quarto secolo sarebbe legata esclusivamente
alla lettura della quarta lettera della nona riga, che i 'restauratori' dell'iscrizione
degli anni '70 hanno 'interpretato' come una *E* e che invece Susini, alcuni anni
prima, aveva letto come una *L*. A fronte di questa *L*, che però potrebbe essere una
E, abbiamo tutta una dottrina che porta alla conclusione che le flotte pretorie di
Miseno e di Ravenna vennero smobilitate durante il periodo dell'anarchia militare
oppure, al massimo, in età tetrarchica. Non può trattarsi, naturalmente, che di un

argumentum ex silentio, resta il fatto che l'ultima attestazione sicura di una *classis praetoria Ravennatium* è in un diploma militare del 249/50 (*CIL* XVI, 154a/b), quasi contemporaneo all'ultimo diploma che menziona una flotta pretoria di Miseno (247 d.C.: *CIL* XVI, 152). Tuttavia si conosce un anonimo *praefectus classis praetoriae* di Miseno nel 302 (iscrizione databile grazie alla titolatura di Diocleziano: *CIL* X, 3343), mentre molto più problematica appare la datazione di un *Flavius Maximus* che, sempre a Miseno, viene definito *praefectus classis et curator rei publicae Misenatium*. Nulla, comunque, che consenta di spingere l'esistenza di flotte pretorie a Ravenna e a Miseno molto oltre l'età tetrarchica al massimo.

4. La scelta di Onorio

Le flotte pretorie finirono dunque in quello straordinario tritacarne istituzionale che fu il terzo secolo dopo Cristo. Conseguentemente, tra terzo e buona parte del quarto secolo, Ravenna conobbe un evidente appannamento. Privata della flotta e del suo prefetto, Ravenna sembra aver risentito del ruolo sempre crescente che, in quel torno di tempo, giocarono due altre città dell'Italia settentrionale: Milano e Aquileia.

Fig. 8 – Pieve di San Cassiano in Decimo. Il miliario sostiene il leggio (foto dell'Autore).

La prima divenne *regia civitas* d'occidente da quando, a partire quanto meno da Gallieno e dalla proclamazione scismatica dell'*Imperium Galliarum* di Avito e Tetrico, si sentì l'esigenza di arretrare la residenza dell'imperatore al riparo del baluardo alpino, ma comunque in una posizione tale da garantire un diretto rapporto con il *limes*, mentre la crescita d'importanza di Aquileia è legata al ruolo essenziale che questa città ebbe nel vasto sistema difensivo dei *claustra Alpium Iuliarum*. È proprio a causa di questo appannamento che la scelta di Onorio di fare di Ravenna la sua residenza, nel 402, è spesso apparsa improvvisa ed estemporanea, quasi casuale. Tuttavia non fu così. Valerio Neri ha mostrato come, nonostante tutto,

Ravenna sia riuscita ad imporsi, nel corso di quel periodo difficile per la città che va dall'età tetrarchica alla scelta di Onorio[20]. Quest'ultima fu l'esito di contingenze che seguirono il passaggio di Alarico dai Balcani all'Italia, dove giunse sul finire dell'anno 401. Onorio risiedeva allora a Milano, dove attese l'arrivo del *magister militum* barbaro, rinunciando a mettersi in salvo in Gallia. Il 24 febbraio 402 Simmaco venne ricevuto da Onorio a Milano[21], ma per recarvisi il grande senatore romano dovette affrontare un viaggio pericoloso, cercando di evitare le truppe barbariche sparse per la Pianura Padana. Attorno al 7 aprile 402, giorno di Pasqua, Stilicone affrontò Alarico a Pollenzo, in uno scontro che non risultò decisivo, ma che è probabile abbia portato alla ratifica di un *foedus*, che non sarebbe stato violato prima del giugno dell'anno successivo, quando si combatté la battaglia di Verona. A quell'epoca, però, Onorio era già a Ravenna: la prima costituzione emanata da Ravenna data infatti al 6 dicembre 402[22]. Ne discende che lo spostamento di sede da Milano a Ravenna sia avvenuto nella seconda metà dell'anno, certamente dopo l'esito comunque parzialmente positivo della battaglia di Pollenzo, quando non sembravano sussistere pericoli immediati per l'imperatore, nonostante la maligna affermazione di Procopio (*Bell. Vand.* I 2, 9), secondo il quale «poiché i barbari non erano lontani, ma si annunziava che fossero nel paese dei Taulanti con un grande esercito, lasciando la reggia senza alcun decoro, Onorio fuggì a Ravenna, città forte, situata in fondo al golfo Ionio».

Su questo sfondo storico resta da chiarire la scelta di Onorio. Ravenna non aveva più una flotta da guerra da almeno un secolo e si può ragionevolmente ritenere – anche se di questo manca qualsiasi riscontro archeologico – che le infrastrutture portuali fossero state in qualche modo neglette in quel periodo. Da un punto di vista strategico Milano, grazie alla sua posizione centrale nell'Italia settentrionale ed alla sua facilità di collegamento con tutto il settore limitaneo occidentale, sia quello renano che quello danubiano, costituiva una posizione arretrata a sostegno della difesa limitanea e a protezione dell'Italia di importanza essenziale come sede imperiale nel quadro di una scelta di impegno militare diretto da parte dell'imperatore, mentre si dimostrava poco adatta a resistere nel caso di un attacco vigoroso condotto da parte di un esercito che avesse già superato i baluardi alpini. C'era però Aquileia, che per qualche verso poteva presentare vantaggi analoghi a quelli di Ravenna, di città portuale robustamente fortificata e protetta da ampie aree paludose. La forza della sua posizione era stata dimostrata proprio pochi anni prima, quando nel 361 una piccola guarnigione di soldati di Costanzo II sbandati riuscì a tenere

---

[20] Neri 1990. Né vale come testimonianza della sopravvivenza della flotta ben addentro al V secolo la menzione di un *praefectus classis* nella *Notitia Dignitatum*: è evidente che quel titolo aveva oramai perduto ogni diretta connessione con l'esistenza effettiva di una *classis* a Ravenna, cfr. *infra*.
[21] Symm., *Ep.* IV, 9; VII, 13-14.
[22] *CTh.* VII 13,15.

in scacco a lungo una parte consistente dell'esercito di Giuliano, e non poterono essere superati se non con la resa, molto dopo che venne loro comunicata l'improvvisa morte dell'imperatore per il quale continuavano a combattere[23]. Ancora una ventina d'anni dopo, nel 388, fu attorno ad Aquileia che si organizzò la resistenza di Magno Massimo contro Teodosio. Anche in questo caso la città poté essere presa solamente grazie a un espediente: l'esercito di Teodosio riuscì con un colpo di mano ad aprire le porte della città solamente perché era stato informato da traditori del momento in cui le mura sarebbero rimaste spopolate quando i soldati sarebbero stati impegnati nel ricevere la paga. Ma è ancora più significativa la circostanza che, in quel 388, Zosimo (IV, 42-47) riferisce che Massimo venne informato che l'imperatrice Giustina, con Galla e Valentiniano II, stava navigando verso l'Italia. La flotta da lui inviata al comando di Andragazio non poté evitare che le navi avessero già attraversato lo stretto. La flotta di Andragazio si volse quindi contro Teodosio che, per evitarla, mosse via terra contro Aquileia.

In tutta questa vicenda il nome di Ravenna non compare mai. Un blocco navale nell'alto Adriatico ormai aveva come epicentro Aquileia, non più Ravenna. Ma c'è un altro punto che mi sembra importante sottolineare in questa sede: se nel 388 fosse ancora esistita una classe pretoria a Ravenna Zosimo non avrebbe mai scritto che Massimo avrebbe «messo insieme navi veloci»: ταχυναυτοῦντα πλοῖα συναγαγών, si noti l'uso del verbo συνάγω!

Paradossalmente, però, fu proprio l'irrilevanza politica di Ravenna in quegli anni, in congiunzione con la posizione particolarmente favorevole per una sua difesa efficace e per la (relativa) vicinanza a Roma, ad aver giocato un ruolo decisivo nella scelta di Onorio. La scelta di Ravenna era infatti improntata a un compromesso, a una mediazione tra le sempre più anacronistiche pretese di Roma e le crescenti ambizioni di centri come Milano o Aquileia che, ciascuno per diversi motivi, potevano oramai candidarsi a succedere all'Urbe come sedi imperiali. Milano aveva dalla sua il prestigio di una *élite* recente e ambiziosa, nonché l'autorità di un episcopato che, sotto la guida di Ambrogio, aveva nei fatti appannato il ruolo di guida che si riconosceva alla cattedra di Pietro. Aquileia, con la sua posizione imprendibile, il suo ruolo di punto avanzato e di cerniera dei valichi alpini orientali aveva dalla sua l'appoggio incondizionato degli apparati burocratici-militari dell'Italia annonaria. La scelta di una qualsiasi tra queste località sarebbe suonata come una definitiva rinuncia a Roma, con tutto quello che ciò significava, in termini di prestigio, opposizione senatoria e popolare. Negli anni attorno al 402 ci si poteva facilmente illudere che la scelta di Ravenna sarebbe stata un ripiego di scarso rilievo senza futuro. La storia avrebbe detto il contrario.

---

[23] Ne ho trattato brevemente in Gnoli 2015*b*.

Bibliografia

Augenti 2012a = A. Augenti, *Il monastero di San Severo a Classe: risultati delle campagne di scavo 2006-2011*, in Atti *V Congresso Nazionale di Archeologia medievale*, a cura di F. Redi, Firenze 2012, pp. 238-245.

Augenti 2012b = A. Augenti, *Strategie della memoria. La topografia monumentale di Classe alla luce delle ultime scoperte archeologiche*, in Atti *Martiri, santi, patroni: per una archeologia della devozione, X Congresso Nazionale di Archeologia Cristiana (Università della Calabria 2010)*, a cura di A. Coscarelli e P. De Santis, Arcavacata di Rende 2012, pp. 537-553.

Augenti – Bertelli 2007 = A. Augenti – C. bertelli (a cura di), *Felix Ravenna. La croce, la spada, la vela: l'Alto Adriatico fra V e VI secolo*, Milano 2007.

Bazzocchi 2006 = A. Bazzocchi, *I miliari di Ravenna: nuove proposte di lettura*, «Mediterraneo Antico» 9, 2006, pp. 313-327.

Bermond Montanari 1969 = G. Bermond Montanari, *Nuovi rinvenimenti nelle necropoli classicane*, in *Hommages à Marcel Renard III*, Bruxelles 1969, pp. 19-24 (Collection Latomus 103).

Bovini 1963 = G. Bovini, *Il riordinamento del primo chiostro del Museo Nazionale di Ravenna*, «Felix Ravenna» 63, 1953, pp. 33-63.

Bovini 1964 = G. Bovini, *Il riordinamento del primo chiostro del Museo Nazionale di Ravenna*, «Felix Ravenna» 64, 1954, pp. 5-40.

Camiz 2007 = A. Camiz, *Storia dell'urbanistica di Ravenna nel medioevo*, Dottorato di ricerca XVII ciclo, Università di Roma "La Sapienza" 2007.

Cenerini 1992 = F. Cenerini, *Forum Livi*, in *Supplementa Italica* n.s. 10, Roma 1992.

Christie – Gibson 1988 = N. Christie – S. Gibson, *The city walls of Ravenna*, «PBSR» 56, n.s. XLIII, 1988, 156-197.

Cirelli 2008 = E. Cirelli, *Ravenna: Archeologia di una città*, Firenze 2008 (Contributi di archeologia medievale 2).

Cirelli 2011 = E. Cirelli, Spolia *e riuso di materiali tra la tarda antichità e l'alto medioevo a Ravenna*, «Hortus Artium Medievalium» 17, 2011, pp. 39-48.

Cosentino 2004 = S. Cosentino, *Re Teoderico costruttore di flotte*, «Antiquité tardive» 12, 2004, 347-356.

Donati 1977 = A. Donati, *Cataloghi collegiali su un'iscrizione opistografa ravennate*, «Epigraphica» 39, 1977, pp. 27-40.

Gnoli 2012 = T. Gnoli, Navalia, *Guerre e commerci nel Mediterraneo romano*, Roma 2012 (Problemi e ricerche di storia antica).

Gnoli 2015a= T. Gnoli, *Narona e Ravenna. Espressioni del culto imperiale tra Tiberio e Claudio*, in *L'Augusteum di Narona*, a cura di G. Zecchini, Roma 2015, pp. 83-116.

GNOLI 2015*b* = T. GNOLI, *Le guerre dell'imperatore Giuliano*, Bologna 2015.

MAZZARINO 1973 = S. MAZZARINO, *L'impero romano*, Roma-Bari 1973.

NOVARA 2000 = P. NOVARA, *Un tempio nomato dai portici, Le scoperte archeologiche effettuate nell'ambito della costruzione della sede centrale della Cassa di Risparmio di Ravenna*, Ravenna 2000.

NERI 1990 = V. NERI, *Verso Ravenna capitale: Roma, Ravenna e le residenze imperiali tardo-antiche*, in *Storia di Ravenna 1*, a cura di G. Susini, Venezia 1990, pp. 535-584.

PIERPAOLI 1990 = M. PIERPAOLI, *Storia di Ravenna, Dalle origini all'anno mille*, Ravenna 1990.

Porta Aurea 2015 = *Porta Aurea, Palladio e il monastero benedettino di San Vitale*, a cura di A. Ranaldi, Milano 2015.

SUSINI 1973-1974 = G. SUSINI, *Interpretazione e deperimento di un'iscrizione antica: l'esempio del milliario di Campiano*, «ArchClass» 25-26, 1973-1974, pp. 712-717.

SUSINI 1990 = G. SUSINI (a cura di), *Storia di Ravenna 1. L'evo antico*, Venezia 1990.

ABSTRACT

In this contribution a brief outline of the character of the city of Ravenna is sketched on the background of its history from the 1st to 5th century AD. The attitude of the city towards the sea changed with the end of the maritime supremacy of Rome during the second half of the third century. Ravenna became the seat of the imperial court because the main aim was to control Italy, disregarding the Mediterranean. Paradoxically, the choice of Ravenna as the seat of the Emperor of the West was due to the weakness of this city in comparison with Milan or Aquileia.

NOTE E DISCUSSIONI

Studi e ricerche sul bacino lagunare veneziano

Maddalena Bassani

Nel corso degli ultimissimi anni la laguna di Venezia ha costituito un terreno di indagine di grande interesse, come dimostrano i non pochi volumi e gli articoli pubblicati in riviste scientifiche di tiratura nazionale e internazionale. In effetti, grazie alle costanti attività di scavo, studio e ricerca promosse dalle Università di Venezia (Ca' Foscari, IUAV) e di Padova, si delineano nuovi orizzonti di analisi, che possono contribuire a comprendere con maggiore dettaglio le dinamiche insediative avvenute nel corso dei millenni entro questo particolare contesto geografico.

Già nel 2013, oltre al densissimo volume di E. Canal che si è già avuto modo di segnalare nel primo volume di questa collana (M. Bassani, *Canal e la Laguna di Venezia*, in *Lezioni Marciane 2013-2014*, «L'Erma» di Bretschneider, Roma 2015, pp. 139-145), per i tipi de All'insegna del Giglio è stato edito il volume di C. Moine, *Chiostri tra le acque: i monasteri femminili della Laguna nord di Venezia nel Basso Medioevo* (Borgo San Lorenzo). Qui l'autrice, ora funzionario archeologo della Soprintendenza Archeologia, Belle Arti e Paaesaggio di Venezia, ha proposto un'accurata disamina dei risultati ottenuti nel corso della sua Tesi di Dottorato di Ricerca sotto il coordinamento di S. Gelichi, grazie a un'indagine di tipo storico-archivistico. La stessa studiosa ha poi curato, con M. Ferri, un volume miscellaneo intitolato *L'isola di domani: cultura materiale e contesti archeologici a San Giacomo in Paludo (Venezia)*, edito sempre da All'insegna del Giglio (Sesto Fiorentino, 2014). Quest'isola, che com'è noto è oggetto di indagini archeologiche da parte della Cattedra di Archeologia Medievale dell'Università di Ca' Foscari, ha costituito un campo di studi multidisciplinari assai approfonditi, relativi alle modalità di occupazione e di insediamento nell'isola tra l'età tardo antica e medievale. La ricostruzione della vita nel bacino lagunare, configurata sulla base di accurate indagini archeologiche e archeometriche, è peraltro bene esemplificata nell'articolo a più mani (a firma di S. Gelichi *et alii*: *Importare, produrre e consumare nella laguna di Venezia dal IV al XII secolo: anfore, vetri e ceramiche*) pubblicato negli Atti del Convegno *Adriatico altomedievale (VI-XI secolo). Scambi, porti, produzioni* (Venezia, 19/03/2015, Edizioni Ca' Foscari: Venezia, 2017, pp. 23-114).

Del resto, la disamina della *facies* medievale della laguna di Venezia ha interessato anche altri studiosi, tra cui D. Calaon, che da tempo si occupa delle tracce antropiche nella Torcello altomedievale e che ha curato, insieme a L. Fozzati, i volumi editi dalla Regione del Veneto intitolati *Torcello Scavata. Patrimonio condiviso* (Venezia, 2014).

Una prospettiva che tiene conto anche della fase rinascimentale è contenuta invece negli Atti del Convegno *Pietre di Venezia. Spolia in se, spolia in re*, a cura di M. Centanni e L. Sperti («L'Erma» di Bretschneider, Roma 2015): il corposo tomo, che costituisce il secondo volume della collana *Venetia/*Venezia, ha offerto interessanti spunti di riflessione anche per quanto attiene al riuso dei materiali antichi a Venezia e alla ricostruzione storica del passato più antico di questo comprensorio territoriale.

Ma fra gli studi dedicati alla laguna veneziana e alle sue più antiche attestazioni antropiche, si segnala l'articolo di L. Braccesi edito nel volume n. 143.1 (2015) della *Rivista di Filologia e di Istruzione Classica* (*Dalla* Fossa Augusta *alla Via Claudia Augusta*, pp. 76-81). L'autore, che da tempo si occupa del passato più remoto del *Venetorum angulus*, ha proposto una nuova interpretazione del tracciato della Via Claudia Augusta soffermandosi in particolare sul dibattuto problema relativo al punto di partenza della strada, tracciata dal padre di Claudio, Druso, allo scorcio del I secolo a.C. e poi ultimata dall'imperatore nel 47 d.C. Lo studioso, prendendo in esame il noto miliare di Cesiomaggiore, propone di riconoscere nell'espressione presente nel cippo «*a flumine Pado*» non un generico riferimento al Po, ma una precisa allusione alla *fossa Augusta* di Ravenna, dove, come ricorda Plinio il Vecchio, erano state fatte confluire le acque del Po già in epoca preromana e dove esisteva un grande porto commerciale, il *Vatrenus*. Secondo Braccesi, quindi, la via consolare avrebbe iniziato il suo percorso dalle lagune ravennati, grazie al sistema di canali endolagunari (le *fossae*) scavati dagli etruschi e dai greci (di Siracusa), tra i quali si può ricordare la *fossa Flavia*, che collegava i rami del Po di Spina e Adria, e la *fossa Clodia*, che da Adria permetteva di giungere nella laguna di Venezia, dunque ad Altino. La Via Claudia Augusta, pertanto, avrebbe avuto un primo tracciato marittimo attraverso le *fossae* lagunari e poi, da Altino, una direttrice terragna verso il Danubio.

La proposta interpretativa di Braccesi, che appare non solo innovativa, ma che risulterebbe comprovata anche dal calcolo delle 120 miglia fra Altino e Ravenna menzionate ancora da Plinio, apre lo sguardo a nuovi orizzonti di studio per l'evo antico e in particolare per quanto attiene ai tracciati viari e alle rotte commerciali nel golfo adriatico. Tale proposta offre altresì lo spunto per anticipare un lavoro in corso di studio da parte di chi scrive che afferisce ad alcuni dati fin qui sfuggiti all'attenzione degli studiosi, presenti nel fondo archivistico *Giovanni Casoni* presso la Biblioteca del Museo Correr di Venezia. Se della portata di tale fondo manoscritto ho dato una prima, forse significativa, riprova in questo volume[1], di recente ho potuto rintracciare ulteriore documentazione relativa a un miliare trovato a Venezia nell'Ottocento e ad oggi inedito, il quale verrà a breve pubblicato anche grazie alla disponibilità di G. Cresci Marrone, che ne conosce da tempo l'esistenza. L'edizione completa di tutti gli elementi afferenti alla scoperta di tale miliare e una sua riconsiderazione alla luce del panorama di studi ora disponibile, permetterà, forse, di valutare questo reperto in una prospettiva più ampia, foriera di nuovi elementi di discussione circa il passato della Laguna di Venezia.

---

[1] Mi permetto di rinviare al mio contributo presente in questo volume della Collana e alla bibliografia ivi proposta.

Finito di stampare nel mese di agosto 2018 per conto de
«L'ERMA» di BRETSCHNEIDER
da Services4media s.r.l. - Bari